"互联网+"时代的企业
信息化策略研究

刘常宏 谢 畅 柳海青 著

中国原子能出版社

图书在版编目（CIP）数据

"互联网+"时代的企业信息化策略研究 / 刘常宏，
谢畅，柳海青著. --北京：中国原子能出版社，
2023.11

ISBN 978-7-5221-3010-1

Ⅰ. ①互… Ⅱ. ①刘… ②谢… ③柳… Ⅲ. ①互联网
络–影响–企业信息化–企业管理–研究 Ⅳ.
①F272.7-39

中国国家版本馆 CIP 数据核字（2023）第 184140 号

"互联网＋"时代的企业信息化策略研究

出版发行	中国原子能出版社（北京市海淀区阜成路 43 号　　100048）
责任编辑	杨　青
责任印制	赵　明
印　　刷	北京天恒嘉业印刷有限公司
经　　销	全国新华书店
开　　本	787 mm×1092 mm　1/16
印　　张	10
字　　数	180 千字
版　　次	2024 年 1 月第 1 版　2024 年 1 月第 1 次印刷
书　　号	ISBN 978-7-5221-3010-1　　　定　价　**72.00 元**

发行电话：**010-68452845**

前　言

互联网深刻地改变了人们的思维方式和生产、生活方式，引发了全世界的政治、经济和社会的深刻变革，也引领人类步入一个全新的时代。人类正处于生存与生活方式由线下到线上、由物理空间向网络空间迁移的阶段，这是由传统社会向互联网时代的网络信息化社会的一次集体大迁徙。新技术带来了新的生活与工作模式，新模式带动新规则的产生，在互联网的时代，传统的规则、制度及理念都面临着严峻考验。

"互联网＋"的快速发展对企业的信息化建设也带来了巨大的挑战与冲击，原有的思路显得不合时宜了，原有的技术体系落伍了，原来的管理制度和流程陈旧了，下一步到底该怎么办？每一个参与其中的信息化工作者都在思考信息化发展的趋势与方向，谋划未来转型的策略与步骤。企业的信息化建设是信息时代发展的必然结果，通过先进的信息化技术，使企业的组织管理结构、生产经营、销售模式发生了巨大变化。顺应时代发展，充分利用信息技术对制造业进行提质增效，对于数字化转型意义重大。

本书共六章内容：第一章为企业信息化概述，主要介绍了企业信息化的概念、企业信息化的内容、企业信息化的发展历程以及企业管理信息化概述；第二章为企业信息化技术基础，主要内容包括计算机系统、计算机网络基础、数据库技术、Web 开发技术；第三章为"互联网＋"对传统企业的影响，主要内容有"互联网＋"概述、传统企业的"互联网＋"转型、"互联网＋"企业信息化应用的"新常态"；第四章为大数据推动企业信息化转型，详细介绍了大数据推动企业信息化的数据化、大数据推动企业信息化的智能化、大数据推动企业信息化思维的进化、大数据推动供应链的柔性化、以大数据为核心的企业信息化建设以及大数据应用过程中的挑战；第五章为"互联网＋"时代企业信息化的应用，分析了电子商务、企业局域网络的建设、企业自动化协同办公的建设、企业信息化应用培训；第六章为"互联网＋"背景的企业信息化建设的探讨，论述了企业信息化建设的环境、"互联网＋"背景下企业信息化建设方案的制订、"互联网＋"背景下企业信息化建设面临的挑战以及"互联网＋"背景下企业信息化建设的优化措施。

在撰写本书的过程中，作者得到了诸多专家、学者的帮助和指导，在此表示真诚的感谢。本书内容系统全面，论述条理清晰，但由于作者水平有限，书中难免会有疏漏之处，希望广大读者及时指正。

作 者
2023 年 5 月

目　录

第一章 企业信息化概述

本章主要内容为企业信息化概述，分别介绍了企业信息化的概念、企业信息化的内容、企业信息化的发展历程以及企业管理信息化概述。

第一节 企业信息化的概念

一、信息化

（一）信息化的含义

"信息化"这一概念早在 20 世纪 60 年代就被提出，由于"信息化"涉及多个领域和行业，因而，基于不同的研究对象和出发点，对"信息化"这个概念的表达也不尽一致。

从技术手段角度而言，信息化可定义为：通信现代化、网络化以及行为合理化的具体表现形式。所谓通信现代化，可以将其理解为在现代化技术的支持下所产生的信息流动；网络化指的是需要借助信息技术与设备实现系统化管理的经过；行为合理化则是强调人类活动需要根据公认的标准和要求来进行。

从知识信息角度而言，信息化是指知识化，即人们受教育程度的提高及由此而引起的知识信息的生产率和吸收率的提高过程。

从经济管理角度而言，信息化是指由于社会生产力和社会分工的发展，信息部门和信息生产在社会再生产过程中占据越来越重要的地位，国民经济发展从以物质和能源为基础向以知识和信息为基础的转变过程。

从信息化带来的影响与运行过程角度而言，它相当于借助信息技术完成信息资源共享的过程，主要是为了处理社会经济发展期间可能遇到的各种阻碍。

政府曾在相关工作会议上明确指出了信息化与国家信息化之间的差异，强调信息化就是在提高生产力的基础上，运用各种智能化工具为社会的快速发展提供帮助与支持的过程；而国家信息化指的是以国家规划和标准为核心，将信息技术灵活融入与人日常生活息息相关的行业领域当中，通过不断挖掘信息资源，达到推动国家现代化发展目标的整个过程。

总体来看，信息化是基于现代信息科技的系统研究与应用，通过先进的信息设备与通信软件，服务于国民经济及社会活动等多个领域的发展过程。信息化的两个必要条件为信息处理硬件设备和信息管理软件系统。只有具备先进的信息设备，才能够为知识经济的开发利用提供物质基础；也只有不断开发适用的信息技术和软件，才能保证信息化在不同行业领域的有效应用，从而推动信息化建设。

现阶段，信息化程度已被当作了解一个城市、一个省份，乃至一个国家文明进展以及综合实力的参考依据之一，信息化系统也在社会多个领域发挥着重要作用，如基础建设、电子商务、财务金融、科技等，可以说，信息化已经深入到了现代人生活与工作的方方面面。

（二）信息化的层次

有学者认为，信息化是由产品信息化发展而来，原因有两方面：一方面，新的时代背景下，产品中包含的信息量越来越大，而物质比重在不断降低，这使得产品的性质逐渐发生变化，从最初的物质产品转变为信息产品；另一方面，信息技术的普及，使市场开始朝着智能化的方向发展，将智能化元器件嵌入产品中已经成为一种趋势，因此，越来越多的产品被赋予了很强的信息处理功能。

企业信息化是国民经济信息化的基础，指企业在产品的设计、开发、生产、管理、经营等多个环节中广泛利用信息技术，并大力培养信息人才，完善信息服务，加速建设企业信息系统[①]。

产业信息化是指农业、工业、服务业等传统产业广泛利用信息技术，大力开发和利用信息资源，建立各种类型的数据库和网络，实现产业内各种资

---

① 谢赞福，肖政宏. 信息化建设与信息安全［M］. 广州：广东人民出版社，2013.

源、要素的优化与重组，从而实现产业的升级^①。

国民经济信息化也就是让信息流通于整个经济系统之中，将所有与经济有关的领域纳入信息大系统当中，通过信息传输的方式互相联结起来，形成一个整体，这也是新时代环境下所有国家共同的发展目标之一。

社会生活信息化即让信息技术融入人们的日常生活当中，可覆盖经济、科技、教育等多个领域。

（三）信息化的特征

现如今，人类社会已迈入信息化发展阶段，它是在网络技术、大数据技术等多种技术的共同推动下发展形成的。信息化的出现不但极大地提高了信息传递的效率和信息共享过程的便捷性，也为各个地区人们的交流与交往提供了更加广阔的平台。

信息化和工业化最大的差别在于：它并非传统意义上物质与能量间的转换，而是空间之间的转换。在信息化时代，与人们生活与工作密切相关的各个领域，如经济、教育等都围绕着信息搜集、处理、传递、利用而展开，这使为社会创造价值的媒介从过往的有形产品演变为无形信息，这样的改变让人们的消费观念也随之发生变化，开始从物质消费过渡为精神消费。通常而言，信息化特征主要体现在以下三个方面。

（1）虚拟性。在数据技术、通信技术等众多先进技术的运用下，网络空间的优势逐渐凸显，也获得了越来越多人的认可与青睐，于是信息交换的空间开始从实体走向虚拟，这使交往双方都蒙上了一层模糊的"面纱"，开始倾向于通过打造虚拟的形象或身份展开交流活动。不过关系虚拟化并不等同于虚假，只是可能在部分不法分子的恶意操作下发生变质，这一点要尤其注意。

（2）全球性。信息技术的出现打破了距离的局限，使全球化的发展脚步不断加快，尤其是在互联网以及通信卫星网成功搭建以后，传统空间理念再次受到冲击，不同国家、不同网络之间开始了无障碍连接。

（3）交互性。如今信息技术早已渗透到各行各业当中，如在企业生产运营过程中，利用信息技术可以通过整合各个生产运营环节的数据信息，帮助企业在有限的时间之内做出科学有效的发展决策。同时，部门之间信息的共享也在很大程度上促进了信息交互频率的提升，从根本上提高工作效率，避免"信息孤岛"效应造成的消极影响。

---

① 谢赞福，肖政宏. 信息化建设与信息安全［M］. 广州：广东人民出版社，2013.

二、企业信息化

（一）企业信息化的含义

企业信息化的概念也涉及多个领域和学科，不少专家、学者都从各自的角度给企业信息化下了定义。此外，许多成功实现企业信息化的企业家及企业信息化的倡导者——政府也给出了企业信息化的概念。

本书对企业信息化的定义是：在企业生产经营活动的各个环节中，充分利用现代信息技术建立信息网络系统来高效管理企业的各种资源，并实现资源优化配置，进而提高企业经济效益和核心竞争力的过程。

企业信息化，并不是简单地将信息技术融入管理过程中便能够实现，而是要通过整合和优化内部信息系统，完成更高层次的升级与创新。原理是在信息技术的指引下，不断调整和转变管理理念，完善与优化管理模式，让企业现有资源能够在新的媒介上整合起来得以妥善配置，进而改善工作效率与整体经济效益，巩固自身实力。

（二）企业信息化的分类

企业信息化有不同的分类方式，常见的分类方式有按照行业、企业运营模式和企业信息化的应用深度等进行分类。

按照所处行业分类，企业信息化可分为制造业的信息化、商业的信息化、金融业的信息化、服务业的信息化等。

按照企业运营模式分类，企业信息化可分为离散型企业的信息化和流程型企业的信息化。

按照企业信息化应用深度分类，企业信息化可分为高度企业信息化、中度企业信息化和低度企业信息化，企业信息化程度的划分以企业信息化的内容为标准。当一个企业的信息化内容仅包含某一方面内容时，称为低度企业信息化；如果包含两至三方面内容，称为中度企业信息化；如果包含了全部内容，称为高度企业信息化。当然，企业信息化是一个不断发展的过程，企业信息化的内容也会不断发生质和量的变化，因而，企业信息化程度的划分也会不断发生变化。

（三）企业信息化的特征

企业信息化是现在企业管理领域和信息化系统应用领域中都炙手可热的话题，人们将信息技术与企业的管理理念进行结合，对企业的工作流程进行信息化附加和改造，从而实现对信息的"信息化管理"。这种崭新的企业工作模式获得了人们的关注，那么企业信息化到底有什么样的特质呢？

1. 企业信息不断数字化

企业从成立之初，就会有诸如"企业的注册登记信息""企业设备信息"等大量数据，到生产运程过程中，这些信息和数据会越来越多，如企业的管理团队、企业的员工信息、企业的工资福利、企业的交易记录、企业的纳税记录、企业的产品生产等我们不难发现，企业的经营过程也是各种数据信息同步产生的过程。这些数据不仅在企业经营中被创造出来，也会再影响企业的正常运营。因此，如何管理企业的信息是企业管理中的重要一课。传统的数据信息以文件、账本、单据等载体去记录，统计不便，核实不便。通过信息化建设，企业的各类信息只需要录入计算机中就可获得有序记录、安全的管理和科学的再生产利用，这就是企业信息数字化后的便利之处。

对于现代企业而言，管理至关重要，它也是决定企业能否长久稳定发展的基本条件之一。企业管理指的是通过对人力、财力以及物力资源的协同管理，实现资源优化配置的过程，而决定管理成效的主要因素是决策，决策的依据是信息，所以要想做好企业，关键在于信息的掌握与运用，这也是企业管理信息化的重要基础。

当然，根据信息技术自身的运行原则，我们所使用的数据文件在计算机内部都是以二进制的形式进行转换和存放的。所以，数据信息录入计算机时，需要进行数字化处理。当然，随着计算机功能越来越智能化，企业的计算机操作人员并不需要亲手完成将信息数字化的过程，一些性能优良的软件通过其强大的功能和便捷的操作界面，已经可以帮人们在完成这部分工作了。

2. 企业生产越发柔性化

在传统的企业生产模式中，往往以生产为核心，生产与市场有所脱节。一旦销售情况不如意，就会造成库存积压严重、产品不受市场欢迎等窘境。进入信息化时代后，人们提倡一种柔性化生产模式。

企业的管理者通过信息化技术可以时刻了解和跟踪市场的饱和程度，获知消费者的购买意向，从而可以根据消费者的喜好来设计产品，根据市场情况决定生产数量。企业只需点击几下鼠标就可以确定生产规模，通过互联网订单来完成生产，甚至可以提供一些个性化服务，使生产过程更加有序，保证了高效率、低成本的生产状态。

3. 企业组织机构更加弹性化

在传统的企业模式中，企业的组织机构一般是固定不变的，可当市场情况发生变化时，这种固定的组织机构模式不一定能与生产经营情况相契合。既然生产更加灵活了，人们就需要一种与之相配套的工作机制。

经过信息化手段改造企业的业务流程后，企业的组织也不再需要只是从单纯的大与小、上级与下级之间进行选择，而是可以随时组建某个项目的推进团队，项目结束后团队随即解散，从而灵活地适应了信息化社会中的商业生存环境。管理者可以根据市场需求，动态地调整企业组织结构和规模大小。企业管理的重心向下移，可以减少一些不必要的中间管理环节，降低项目审批成本，建立出一种扁平化、网络化的新型企业组织结构。实现各团队的横向协作与联系。因此，弹性化是企业信息化后的一个重要组织特征。

4. 企业管理内外一体化

企业的管理向来是人们最重视但也最头疼的一部分，因为企业信息的多样式、企业工作的多面性、企业经营中的不确定性都让管理工作变得琐碎而杂乱。但当我们通过信息技术进行分析和再造后，就可以轻松地实现管理上的一体化，它是指建立在企业内部资源网络和各类工具系统基础之上，以科学分析和快速决策，把各类企业信息作为重要资源加以开发和利用，并根据企业战略的需要把一些现代化的管理方法和技术手段进行融合，从而实现企业内部的人力、物力、财力、时间、资源的优化管理和综合利用。

例如，企业的经理人可以使用一个专项的管理信息系统把从订货到设计、制造、运行等工作进行模块化分工，全方位支持企业生产、配送和营销等各类经营管理活动，从而把相关联的多个企业连成整体。

所谓管理信息系统，即用计算机和网络技术将企业的规划、生产、销售、财务、供应、人事、设备和技术等分别生成一个专门的子系统模块进行运作，再从更高层级进行集合和调用。从业务终端上直接收集、存储各类重要数据，动态地进行分析和比较，再提供给组织和企业中心管理人员，继而实现企业一体化管理，极大地提高管理效率。

5. 企业经营尝试虚拟化

在传统的企业模式中，各类经营工作都必须在现实生活中一步一步地开展，有时受限于地理、时间、人员等条件，会使这种传统经营工作成本巨大，工作推进缓慢。而伴随着信息化技术的发展，一种新的企业组织形式——"虚拟企业运营"引发了人们的兴趣和关注。这是一种在国际互联网上进行运作，并与其他企业进行资源共享的全新的企业组织模式。

其工作成本相对较低，有时甚至可能只需一台电脑、一个网络信息系统和一个网址就可以开展大量的工作。企业中的信息管理人员只需要足不出户地操作电脑，借助互联网就可以获取订单、组织生产、办理财务业务、组织交货，传统企业需花费较大时间精力才能完成的工作在网上就可轻松实现。

当然，虚拟企业现在尚无法完全取代实体企业，且因网络标准和相应监管法律的不齐备，网上经营与交易仍然有一些安全风险，所以企业的虚拟化经营要以信息处理、网络传输速度及信息和交易安全为基础，如图 1-1-1 所示。

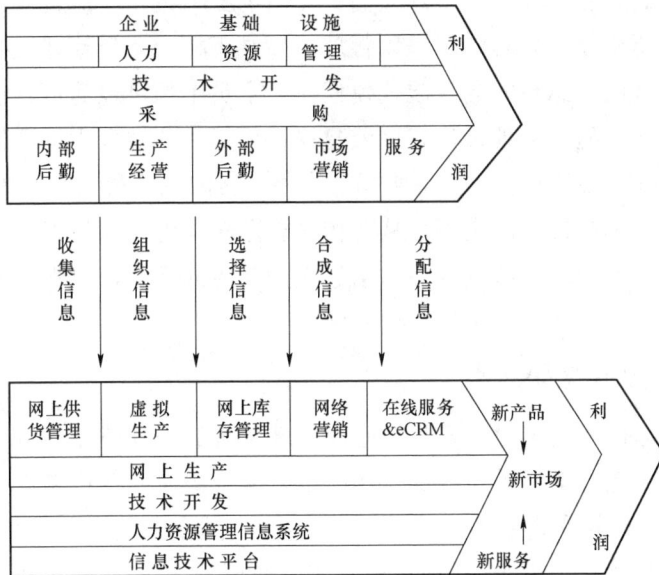

图 1-1-1　传统价值链向虚拟价值链的转换过程

6. 企业学习快速制度化

创新，是一个企业不断进步的最大保障。强大的学习能力，则是一个企业保持活力和创新能力的基础。所以，不断学习是信息化时代对企业的重要要求。在信息化企业之中，我们要建立起专门的学习组织和培训团队，同时要不断保持学习的长期性和有效性，将学习制度化。

一方面，信息技术使学习和培训变得更加容易；另一方面，信息技术也可以更加便捷地管理、规范员工的学习和培训活动。

随着信息技术的不断发展和我国企业改革的不断深入，企业管理方式正在向创新型管理和知识型管理转变。为适应新时期企业管理方式的变革，企业必须加强管理信息化建设。

企业的管理者必须明白：在这个互联网大行其道，搜索引擎功能越来越丰富和强大的年代，知识产权、专有技术的保护越来越困难，一个具有巨大价值的创新点已经很难再被某个企业长时间把持和垄断。因此，企业在保护好知识产权的同时，还必须不断地"自我学习""自我发展"，通过建立出一套企业内部的自我学习机制，不断超越自我，以适应信息化时代一日数变的要求。

7. 企业管理彻底人本化

在传统的企业管理模式中，人们更习惯于上下级之间的直接命令，但在信息化时代，企业开始转向扁平化管理，领导"权威式"管理正在变得越来越不合时宜。而信息技术的发展，使任何一个员工都可以简单、快速地和领导层建立沟通，随时随地提出咨询或建议、反馈，这对人力资源的管理工作有了新的挑战，必须从以"企业大局"为本，转向以"员工"为本。

相应地，企业管理的重点也从对物的管理转向对网络的管理。其本质是对信息和人才的管理，特别要注意信息人力资源的开发，要真正做到人尽其才，并形成正确的企业人才观和文化观。

（四）企业信息化的意义

企业管理信息化建设是发生在企业管理领域的一场革命，技术手段的变化引发了整个企业运行模式的深层次改革。尽管企业信息化建设的过程远没有结束，但它已经在建立现代企业制度、提高企业管理水平、转换经营机制、促进管理现代化、加大企业间交流、有效降低生产成本、加快技术进步、提高经济效益、增强市场竞争力等诸多方面对企业产生了重大影响。

1. 促进企业的深化改造和技术转型

在传统的企业生产中，生产模式往往已经固定，难以有大的突破。在企业的生产环节和经营环节中引入信息技术手段，可以使企业的技术和管理方法发生转型，借此提高企业在管理、决策方面的效率。企业信息系统借助自动化和互联网技术，将企业的经营、管理、决策和服务融为一体，以求达到企业和系统的效率、效能及效益的统一，让计算机和互联网技术在企业管理和服务中发挥更显著的作用。

在企业管理信息化建设过程中，通过建设与该企业自身业务相匹配的信息系统，能够促进企业的结构重组，还可以进一步梳理和优化企业的业务流程，对企业组织机构进行改革和简化，提高企业管理者的决策水平和决策科学性，进一步促进企业的发展。

2. 大幅度提高员工的整体素质水平

现代企业的发展，应该是从劳动密集型向技术密集型转变，从人员积累型向知识积累型转变。通过工作岗位的信息化应用，企业对岗位就业人员的知识技能有了更高的要求，其结果是从业人员主动进行技术学习和深造，或者是被动地进行人员层次升级。这样一来，企业员工的整体学历水平、知识层次、职业技能都必然随之发生较大的变化。

通过信息化改革这一不可逆转的过程，企业管理信息化的主要标志，即计算机技术得以在工作中广泛而深入的应用。为此，必然要求企业制定出严格的工作规范和含有一定技术含量的操作要求。这样企业就必须定期或不定期地对员工进行职业培训，帮助员工逐渐摒弃旧的工作方式，学习掌握先进的行业知识和工作技巧，最终提高企业员工的整体素养。

3. 增强对外营销能力，接纳更多的商机

传统的企业经营以产品销售为主，而销售又主要靠营销人员"满地图跑断腿、满世界喊破嘴"来实现。这种方式既效率低下，又耗费成本巨大，还会带给营销人员带来巨大的疲劳感。虽说企业可以在电视或报纸等媒体上投放广告，但影响范围往往只被限制在某一局部区域之内，且企业要为之承担高昂的广告费用。因此，传统的企业营销方式，销售区域有限、销售方式单一是其巨大的不足，而这一切都将随着企业信息化而得到改善。

企业信息化工程的实施，特别是 Intranet 和 Extranet 网络环境的建立，为企业依托互联网做广告提供了物质基础和广阔的宣传平台。企业可以自由地采用图片、文字、影音视频等手段宣传企业。因此，借助信息化渠道开展营销活动、塑造企业形象是一种深受商厂欢迎的宣传方式，有利于进一步促进企业对外交流，为企业带来更多发展的契机。现阶段，随着信息技术、大数据技术的深入普及与应用，现代化企业与国际市场接轨的脚步逐渐加快，交易市场得到了明显扩大，其所获得的经济效益也在成倍增长。

4. 可以稳健地提高企业的经济效益

很多传统企业迟迟不愿进行信息化改造，并非不知道企业信息化带来的好处，只是畏惧信息化建设需要的投资。这是一种短视的看法，信息化所能实现的利益回报更多。充足的资金支持是实现信息化的重要前提，无论是基础的硬件、软件设备，还是产品开发、人工操作、设备维护等方面，都需要资金的投入，这部分资金一般短期内便可以收回，而管理信息系统关乎企业能否在市场上长久生存与发展，所产生的影响更多的是战略方面，并且企业信息化也能够带来许多直接效益，具体包含三个方面。

（1）借助先进的业务软件，将企业与产品业务流程不断简化，在提升经营效率的同时，还能够节约劳动力支出。

（2）将计算机作为主要统计工具，可以在许多业务环节中减少纸张的消耗以及相关成本的支出，如无纸化办公、无纸化生产与设计，既能够提高工作效率，又可以带来经济效益的全面提升。

（3）引入信息技术优势显著，一方面能够减少库存积压，避免不必要的成本支出；另一方面，能够节约大量人力与物力，使资金能够在真正有需要的地方发挥作用。

第二节　企业信息化的内容

通常情况下，企业所有经营活动都可以通过信息化去实现。不过由于企业定位不同、性质不同，所选择的建设内容也存在一定差异。如果是制造类企业，其信息化建设的重点在于生产、制造、管理等过程。

一、生产过程信息化

所谓生产过程信息化，指的是在利用创新理念引导下建立的信息系统。其将各大生产要素整合起来，使之能够朝着信息化与数字化的方向改良，进一步完善生产过程，并提高生产要素利用率。

首先，产品设计自动化。即在利用信息技术搜集有关于市场需求变化、产品质量要求、技术参数等信息的基础上，借助现代设计技术，通过信息处理与设计方案完成产品设计，有利于产品创新目标的高效实现。

其次，生产过程自动化。指的是为了改善企业生产水平，要在所有生产环节当中利用智能化设备做好监督管理工作，通过自动化操作让每个生产环节都能够连接起来，特别是原材料与能源利用环节很容易出现漏洞，而在自动化技术设备的辅助下，可以很好地解决这一问题，使生产过程保持在良好状态。同时，随着生产流程效率的提升，产品数量也会不断增加，企业会生产出更多高质量、高标准的优质产品。

最后，设备智能化。可以引入数字仪表或微处理器拓展生产功能，使其结合实际要求生产出社会真正需要的产品。

二、流通过程信息化

流通过程信息化，是指通过打造与外部环境相适应、满足市场需求且能够灵活针对自身情况作出自我调节的营销信息化系统。它是一种围绕着市场应用、秉承创新的理念，致力于促进内外部相互交流与沟通的现代化信息体系，可以帮助企业获得更多的发展机会。

第一，为更好地满足生产过程需要，打造一个自我完善的信息系统通道，便于及时了解和获取产品相关情况在市场上的变化，为采购环节的顺利推进打好基础。

第二，将生产完成的产品尽快投入到市场当中，使其生产价值得到最大化体现，同时构建专门面向新产品的宣传、销售信息系统以及数据分析系统，有利于在第一时间对外宣传产品与市场信息，做好销售渠道及销售任务的有效衔接。这样做主要是考虑到产品销售占据了企业营销的核心地位，必须将销售网络体系纳入到流通信息系统之中。

第三，打造健全的售后服务及技术指导系统，便于及时了解和掌握客户反馈信息，尤其是产品质量、综合性能、技术水平等方面，从而确保产品服务准确到位，为后续更新、升级与开发提供基础前提。

三、管理决策信息化

企业管理涉及的环节众多，比如计划、组织、领导、协调等都被包含在内。管理信息化使企业管理过程走上了高效、便利的发展之路，有效地改善了过往费时费力的工作困境，极大地提升了管理质量与效率。因为管理信息系统，也就是 MIS，可以根据现有信息制定出更加完善的发展计划，并且会按照市场变化不断优化和更新计划。当整个组织结构变得弹性化，其内部职能便只能通过调整自我来适应新的变化，这个时候也就衍生出了专业信息部门。当然，企业指挥路线会从单向指挥逐渐过渡到双向指挥，带来的效果也会更加明显。除此之外，控制职能的价值将进一步凸显，因为运营过程会不断消除各种误差。可以说，管理信息化贯穿于企业管理全过程，具体内容如下。

首先，它会将信息化管理融入生产过程当中，特别是市场调查、发展规划、产品研发、材料采购、技术操作、内部流程控制、产品质量、设备设施、仓储、市场销售、技术服务等环节。

其次，根据生产要素实施差别化管理，确保人力、物力及财力之间能够协同起来，共同为推进企业的发展发挥作用，构建出一套生产要素衔接运作的高效管理体系。在该体系中，要将成本统计、资源消耗量、经济效益、劳动薪酬、利益划分、技术投入等都覆盖在内。不过要做到这一点，企业管理者需要积极转变固有思想，引入更加具有开放性、公平性、大格局的信息化运作方式。

最后，构建具有辅助决策及决策支持作用的信息化系统，确保企业决策者在作出决策之前对自身生产运营情况已经有系统化的了解与掌握。在此基础上，根据外部市场环境以及政策制度安排，提出更加合理化、程序化的管理决策，为企业管理迈向现代化、国际化作好铺垫。这个过程中，可以借助各种信息技术方式，不断挖掘内外部相关信息，确保企业信息网络的构建以及信息化工作的开展顺利进行。

第三节　企业信息化的发展历程

一、企业信息化的发展阶段

企业信息化虽然是现代企业升级发展的必由之路，但因为有些企业管理者对它的认识不足，或受限于企业资金暂时短缺等原因，企业信息化的发展往往不会特别快。一般来说，企业的信息化建设都会经历从无到有、从低级的计算机采配到高级的业务系统开发、从局部应用到全局统一的发展历程。这是一个从简单到复杂、从量变慢慢积累到质变的过程，我们可以把它归纳为四个发展阶段。

（一）第一阶段：数据处理（EDP）电子化阶段

在这一阶段，很多企业开始采购计算机，联接了互联网，通过电子设备可以完成一些简单的数据处理。有的企业可能采购投放的计算机数量不少，但是并没有所谓中心服务器的概念。在企业的运营工作中，每台计算机的地位是平等的，互不隶属，互不影响。故而在此阶段的计算机的主要作用只是简单的办公应用：打开一个文档，上网查收一个邮件之类的。应用层次较低，数据处理中的应用内容仅在于帮助员工减轻在计算和收发方面的劳动强度，如用于网上聊天、计算工资、填报账目等，属于电子数据处理业务。这部分的应用一般只是对企业某个单项业务进行办理，较少涉及管理层面，也不存在协同办公的情况。

（二）第二阶段：事务处理阶段（TPS）

在这一阶段，人们已经熟悉计算机的基本操作，并适应了计算机在工作中所扮演的必不可少的角色，但人们会发现有些业务问题使用普通的 Office 操作并不能完成，并且随着企业业务的不断变化，会催生出更多新的需求，人们对计算机技术开发有了更多的期望，也希望能够实现不同部门间、不同团队间的业务互助。此时，计算机在局部的事务处理中逐渐产生了一些管理功能，但并没有达到对企业全局影响的程度。

（三）第三阶段：管理信息系统阶段（MIS）

在这一阶段，人们对计算机的功能有了更多的要求，希望将计算机技术与业务工作流程结合起来，从而催生了大量的具备各类功能的管理信息系统。这些管理信息系统以业务需求为依托、以系统工程理念为研发方法，信息技术的出现在很大程度上推动了工业制造业的进步。对工程机械领域而言，信息化的应用也让多个工程环节出现了颠覆性变化，如生产环节中，借助信息技术来完成数据搜集、生产状态的监督，能够为生产效率的提升提供保障；施工环节中，引入信息技术不但节约了人力成本，也从根本上减少了作业期间安全事故发生的概率；维修保养环节，利用信息技术可实现对信息的精准化管理，并且能够实时监督和掌握设备运行情况，一旦出现故障问题，能够在第一时间做好维修管理。

（四）第四阶段：决策支持阶段（DSS）

在这一阶段，计算机系统的覆盖范围更广，基本涵盖企业的整个经营，并且已经从数据管理和业务实现发展到科学分析与统计，具备了企业分析与决策支持功能，计算机信息系统都已经从管理信息系统发展成更强调支持企业高层决策的决策支持系统了。这说明企业信息化的发展方向正在向功能更全面、应用更立体、运转更智能化的方向转变了。

计算机技术的产生与发展，使企业信息化成为可能。而互联网技术的应用和普及，在很大程度上拓展和提升了企业信息系统的功能类别和作用范围。互联网使多个孤立的子信息系统得以互联，企业可以打破"信息孤岛"现象，连通"信息烟囱"，信息得以共享，甚至实现多个系统的一站式管理。我们相信，下一阶段的企业信息化建设，必将在互联网上开展。

二、我国企业信息化的发展现状

我国的企业信息化发展已经有三十多个年头，综合企业自身的经营、管理、服务和决策等工作内容，计算机技术和互联网技术在企业的运营中发挥的作用越来越大，这进一步推动了企业信息化的持续发展。

（一）信息系统应用较为普遍

据统计，MIS（管理信息系统）在我国企业中的应用较为普遍，应用历史也较长。应用 CAD（应用计算机辅助设计）和 CAM（计算机辅助制造）如果将信息技术融入工业生产领域，便可以在多个场景发挥其作用。比如在增强移动宽带场景中，可以实现工业传感、远程监控、统计分析；在海量机器类通信场景中，可以为企业提供状态监督、运输监控服务；在超高可靠超低延时通信场景中，能够做到与人工智能同步。信息时代万物可互联，信息技术的出现为现代企业带来了更加广阔的发展空间与发展机遇。

（二）网络技术应用实现大众化

根据 CNNIC 最新发布的《中国互联网络发展状况统计报告》结果，截至2022 年年底，国内网民数量已经超过了 10.67 亿，较 2021 年 12 月增长 3 549万，互联网普及率达 75.6%。报告显示，在网络基础资源方面，截至 2022年 12 月，中国域名总数达 3 440 万个，IPv6 地址数量较 2021 年 12 月增长6.8%，中国 IPv6 活跃用户数达 7.28 亿。在信息通信业方面，截至 2022 年12 月，中国 5G 基站总数达 231 万个，占移动基站总数的 21.3%，较 2021年 12 月提高 7 个百分点。在物联网发展方面，截至 2022 年 12 月，中国移动网络的终端总数已达 35.28 亿户，移动物联网联接数达到 18.45 亿户，万物互联基础不断夯实[①]。

（三）企业信息化促进作用显著

信息技术的普及，不但为企业创造了更多的经济效益，更重要的是，从根本上提升了其市场竞争力与社会影响力。2022 年，国家经济信息部曾对上百家重点企业展开调查和分析，发现在信息技术的辅助下，有七成以上的企业获得了较大的收益，其中以腾讯等在互联网领域卓有建树的企业最具代表性。同时，《2015 年中国制造业企业信息化调查》指出，那些在信息化领域有着超前意识的企业家所创造的效益与常规企业家相比，领先幅度在 46% 左右。

（四）信息化从技术驱动开始向业务和战略驱动转化

事实上，在信息化建设初始阶段，因为大多数人对其认知水平有限，企业采取的发展模式大多以技术驱动为主，并且与 IT 技术厂商之间有着紧密的联系。不过，当信息化带来的经济效益不断提高时，越来越多的企业发现了其价值，这使信息化开始向业务驱动模式迈进。如此一来，企业业务部门就与电子信息部门展开了进一步合作，相关业务得到了大幅提升。随着市场环境的进一步变革，进入 21 世纪以来，信息化逐渐融入更多领域当中，并且得到了创新应用，部分行业开始尝试运用战略驱动模式让信息技术深入到业务环节之中，使两者能够协同合作，为后续的协同发展奠定了基础。

（五）信息化成效反差较大，但信息化发展势头良好

网络技术的高速发展促使全社会迈入信息化时代，其成为各行各业在新时代发展中不可或缺的重要支撑力量。各种新产品、新服务，甚至是商业模式都如同雨后春笋般争相迸发，无论是大型企业，抑或是中小型企业，都对信息化的作用与影响力深信不疑。

（六）企业信息化水平发展不平衡

如今，越来越多的厂商也意识到了 5G 在当代社会发展中的重要性，并开始着手谋划布局。然而不同地区、不同行业应用信息化技术的能力不一而同，在经济与市场环境的影响下差异十分明显。通常情况下，如果行业技术水平

---

① 中国新闻网. 中国网民规模达 10.67 亿互联网普及率达 75.6%[EB/OL].（2023-03-03）[2023-3-29].
http://news.china.com.cn/2023-03/03/content_85139519. htm.

高，并且所在区域经济能力较强，那么企业管理能力也普遍较高，新技术的使用与普及范围也会较广。

第四节　企业管理信息化概述

一、企业管理信息化的概念

企业管理信息化涉及许多相关学科，不同的学者从不同角度对企业管理信息化的概念进行了相应的概括，给出了各自不同的定义。综合各种有关企业管理信息化的定义，本书将企业管理信息化定义为企业借助信息技术，在挖掘信息资源与合理利用的基础上，让自身资源得以有效配置，实现生产、管理能力以及决策质量提升的过程。

二、企业管理信息化的内涵

（一）以信息技术为基础

企业管理信息化相当于将信息技术融入运营管理环节的过程，其从兴起至发展的几十年时间可以概括为以下几个阶段：第一阶段为 20 世纪 50~60 年代，随着计算机技术的产生，一些企业为了提高市场竞争力，研发出了以计算机为核心的相关信息系统，计算机辅助设计、传统管理信息系统都是在这一阶段出现的；第二阶段在 20 世纪 70~80 年代，各种技术信息系统与管理信息系统不断涌现；第三阶段自 20 世纪 90 年代至今，由于网络技术不断发展，再加上经济全球化带来的契机，信息资源在企业发展中的作用逐渐凸显，单一的信息设备与传统技术已经无法满足现代企业发展的需要，由此衍生出了许多与企业管理有关的新型管理系统，如供应链管理等。

（二）以信息资源开发为核心

信息资源是现代企业的核心资源，可以将其理解为一套评价系统，在这个系统中，每个运营环节的内容都是独立存在的，但是彼此之间也存在着千丝万缕的联系，能够相互作用。有的内容面向团队，有的则是针对个人，有的以任务完成效果为标准，有的则以员工综合素质为标准。组织只有在确定信息化体系的基础上，才能实施信息化管理工作。在此之前，还要将有关要求落实到所有员工身上，确保最终结果的公平、合理。信息资源作为体系中具有量化特点的重要参考因素，不但能够反映出组织员工的综合素质，还可以将发展目标、实现情况展示出来，构建一套完善的信息资源体系。这有利于企业更高效的掌握团队以及员工个人在组织发展中的贡献，同时也是实施管理工作的基本前提，应当引起足够的重视。

（三）信息化涵盖企业经营活动的所有方面

事实上，信息化体系的构建可以适当参考传统的企业管理体系，两者的结构框架非常相似，只是相关指标与要求存在一些差异。企业可以结合自身性质与特点，在明确信息化体系功能的前提下，选定关键指标，为后续工作的开展打好基础，同时也为客观衡量企业实际运营状态提供参考，然后基于科学分析与优化，让企业能够沿着正确的发展道路持续前进，从而实现战略发展目标。通常情况下，信息化体系的构建要秉承两个原则：一是平衡性，即在设计内容的过程中，保持战略目标和发展方向之间的契合度，将可能引发的风险控制在最小范围之内；二是相关性，即要选定与企业有紧密联系的关键指标作为重点，不但要凸显出短期战略目标，还要展现出未来发展趋势。考虑信息化覆盖对象包括团队和个人两种，需要按照不同的标准有针对性的展开，尽可能地将其融入生产经营的各个环节之中。

（四）信息化的目的是增强企业的核心竞争力

核心竞争力的核心在于产品创新，企业信息化工作也应当围绕产品的创新管理展开，要使员工明确自身工作的内容与目标。相关部门需对新技术的研发与应用进行全程监督，管控好 IT 架构，做好公共科技资源的利用工作，明确其使用方向，规划好项目投产与 IT 资源容量。另外，需对创新产品的全流程负责，从立项到最终审批，确保其准确无误，为产品创新保驾护航。

第二章　企业信息化技术基础

企业管理信息化是以信息技术为技术基础的，随着信息技术的迅猛发展，信息系统也得到了飞速的发展和更广泛的应用；同时，信息系统的大规模使用，在很大程度上带动了信息技术的高效发展。由此可见，二者之间有着协同共进的紧密联系。对于现代企业而言，信息技术是一个具有较高外延性的概念，通常情况下，它指代网络技术、大数据技术。本章将重点围绕着企业信息化相关技术展开论述。

第一节　计算机系统

计算机系统主要由两部分构成：一个是硬件系统，另一个是软件系统。前者作为实体部分，指的是所有固定装置，也是设备运行的物质前提，后者是指挥计算机运行的程序集。在计算机技术的发展进程中，计算机硬件和软件相辅相成，缺一不可。计算机系统的构成如图 2-1-1 所示。

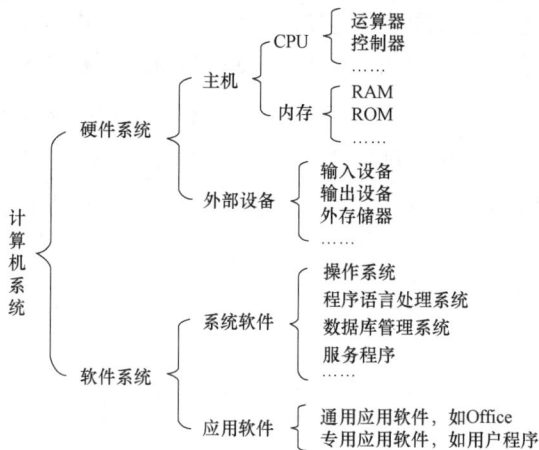

图 2-1-1　计算机系统的组成

第二节　计算机网络基础

一、计算机网络的基本概念

（一）计算机网络的概念

所谓计算机网络，就是利用通信线路或设备，将位于不同区域且能够独立运行的计算机连在一起，在签订网络通信协议的前提下完成资源互换与共享的集成系统。

（二）计算机网络的功能

计算机网络基本功能涵盖三方面，具体如下。

1. 数据通信

数据通信是计算机网络最基本的功能，也是实现计算机其他功能的基础。

2. 资源共享

依靠功能完善的计算机网络可以实现网络中的各种资源共享，包括硬件、软件和数据等资源。

3. 分布式处理

如果是相对复杂且难以处理的问题，一般可以通过联机的方式解决，即分布式处理。这种解决方式能够进一步强化系统的稳定性与可操作性，目前在电子商务领域广泛应用的"云计算"就是分布式处理的一种形式。

（三）计算机网络的结构

计算机网络要完成数据通信和资源共享两大基本功能，那么在结构上也就分成两个部分：资源子网和通信子网。

资源子网由各种主机、终端、联网外设、各种软件资源与信息资源组成，负责全网的数据处理，并向网络用户提供各种网络资源与服务。

通信子网由网络结点和链路组成，负责完成网络数据的传输、转发等通信处理任务。结点主要是指通信控制处理机等网络设备，一般为路由器或交换机。链路主要是指网络结点间的通信线路，如光纤、无线通信信道等。计算机网络的组成如图 2-2-1 所示。

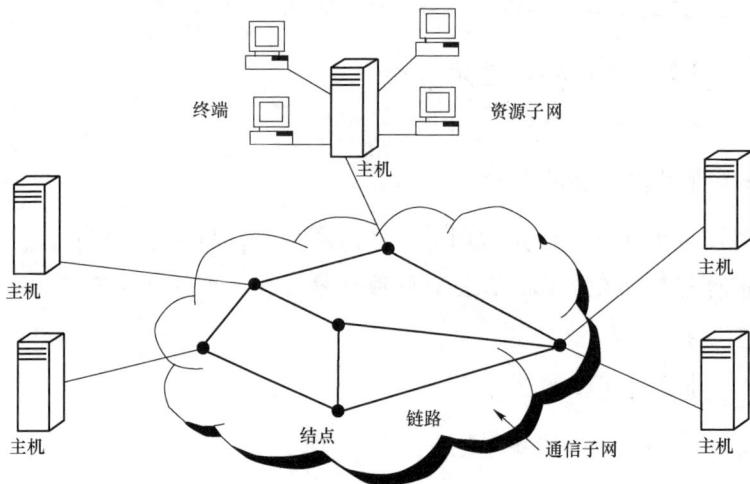

图 2-2-1　计算机网络的组成

二、计算机网络的分类

（一）按规模大小和延伸范围分类

1. 广域网

广域网的作用距离一般为几十千米到几千千米，覆盖范围通常在城市、地区之间甚至跨越国界、洲界，因而有时也称为远程网。

2. 城域网

城域网的覆盖范围一般是一个城市，作用距离约为 5～50 km。城域网可以为一个或几个单位所拥有，但也可以是一种公用设施，用来将多个局域网互联。

3. 局域网

局域网的覆盖范围是在一个单位内部，作用距离一般在 10 km 以内，通常由某一个单位建立与管理。局域网技术成熟，其数据传输速率通常在 10 Mb/s 以上。

（二）按网络使用者分类

按网络使用者可分为专用网和公用网。专用网是由某个部门或单位组建、使用的网络。公用网一般由电信部门组建，并由其管理和控制，网络内的传输线路和交换装置可以对外出租。

（三）按传输介质分类

1. 有线网

有线网是采用同轴电缆、双绞线或光纤等有线传输介质来联接的计算机网络。

同轴电缆网由于其经济实惠、安装便捷等优势，在社会上得到了广泛应用，不过传输率及抗干扰能力有待提升，适用于短距离传输。

双绞线网是现如今普及范围最广的联网方式，同样经济实惠，并且安装十分便捷，不足之处也很明显，其传输距离较同轴电缆网更短。

光纤网属于有线网，主要是利用光导纤维进行传输，不但能够满足长距离传输需要，并且传输效率非常可观，最高在千兆比特每秒。其抗干扰能力也获得了市场的广泛认可，在使用的过程中无需担心会被监听，可以说安全系统极高，是企业的理想选择，但是价格也相对更高，对于安装人员的技术要求也非常高。

2. 无线网

无线网采用电磁波作为载体来传输数据，目前无线网联网费用较高，还不太普及，但由于连网方式灵活、方便，是一种很有前途的联网方式。

局域网通常采用单一的传输介质，城域网和广域网采用多种传输介质。

（四）按通信方式分类

（1）点对点传输网络，指的是利用点对点的方式完成数据传输，可用于星型网或环型网。

（2）广播式传输网络，指的是利用公用介质进行传输的方式，常见于无线网及总线型网络。

三、计算机网络的拓扑结构

常见的网络拓扑结构有星型拓扑、总线拓扑、环型拓扑、树型拓扑、网状拓扑，如图 2-2-2 所示。

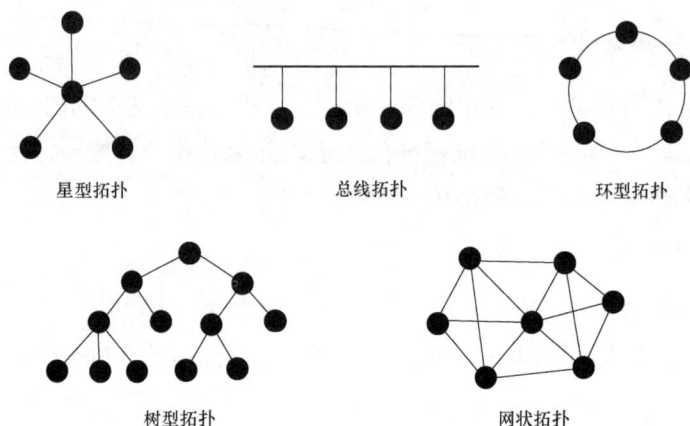

图 2-2-2　网络拓扑的基本构型

（一）星型拓扑

由中央节点与各站点通过传输介质连接而成，以中央节点为中心，实行集中式控制。该节点可能是转接设备，也可是主机。其特点是结构简单，建网、扩充、管理、控制和诊断维护容易，但可靠性差，分布式处理能力差，电缆长度大。

（二）总线拓扑

各站点通过相应的连接器连接到公共传输介质（总线）上，各站信息均在总线上传输，属广播式信道。其特点是结构简单，扩充容易，可靠性较高，但控制复杂且时延不确定，受总线长度限制而系统范围小，诊断维护较困难。

（三）环型拓扑

各站点由传输介质连接构成闭合环路，数据在一个环路中单向传输。要双向传输时，必须有双环支持。其特点是节省线路，路径选择简单，但故障诊断困难，不容易扩充，节点多时响应时间长。

（四）树型拓扑

由多级星型网络分级连接而成，特点是线路总长度短，成本较低，节点易于扩充，故障隔离容易，但结构较复杂，传输延时较长。

（五）网状拓扑

节点间连线较多，各节点间都有直线连接时为全连通网，大多数连接不规则。特点是可靠性较高，节点共享资源容易，便于信息流量分配及负荷均衡，可选择较佳路径，传输延时短，但控制和管理复杂，协议和软件复杂，布线工程量大，建设成本高。

广域网和互联网对于具体的使用者是完全透明的，常用云状图来表示，云状符号用来描述网络的不可预知或不需详细了解的部分。

四、计算机网络体系结构及协议标准

（一）OSI 网络体系结构

OSI 将计算机网络结构分成七层：物理层、数据链路层、网络层、传输层、会话层、表示层和应用层，如图 2-2-3 所示。每一层均有自己的一套功能集，并与紧邻的上层和下层发生交互。

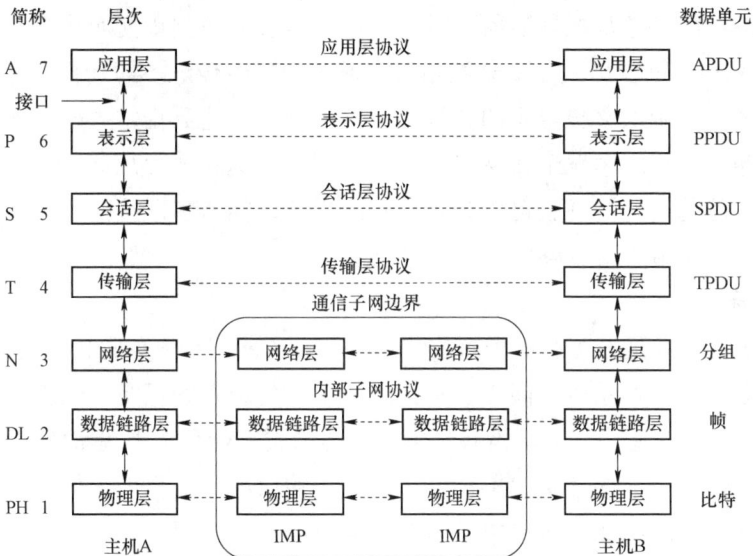

图 2-2-3　OSI 参考模型

下面简要介绍图中各层的主要功能。

1. 物理层

物理层可以理解为模型的基本层，其作用主要是进行数据链路层的打造、维护以及处理，可以让比特流各个网络系统之间无障碍流通。物理层除了定义了网络的物理结构（拓扑）和传输介质自身的物理特性外，还对通信设备和传输媒介之间使用的接口作了详细的规定，涉及机械、电气、功能和规程四方面的特性。注意，传递信息所用的物理媒介并不在物理层内而在物理层下面，因此也有人把物理媒介当作第 0 层。

在物理层使用的设备主要有中继器（也叫放大器）和集线器。

2. 数据链路层

数据链路层的功能在于构建数据链路，高效准确地传输各类位组合，也就是专业上所说的数据帧。它能够利用信息传送机制让数据按照一定序列组成适用于正确传输的标准形式，一般包含应答、流控制相关信息，确保应答、数据流等环节数据能够得到有序控制，保障相关功能可以正常使用。

OSI 能够将数据链路划分为两部分，分别是 LLC 与 MAC，一个是专门负责网络协议服务的系统子层，一个是负责与基层通信的系统子层。与数据链路层相衔接的设备包括网卡、网桥以及交换机。

3. 网络层

网络层的任务是控制通信子网的工作，该层的数据单元叫作数据包或分组（Packet），可以确定报文分组如何在通信子网中传送，即选择合适的路由和交换节点，确保来自上层的数据包可以根据地址达到指定主机，然后进入主机传输层。通常情况下，网络层能够处理路由选择、信息堵塞以及网络互联等多方面的问题，并且可以为各个网络系统之间搭建联接的桥梁，涉及设备主要包括路由器与交换机。

4. 传输层

传输层主要是按照通信子网的特点充分发挥网络资源的价值，借助稳定、经济的方式在两端系统之间搭建会话层，用于传送各种报文，也就是实现端到端的服务。在通信子网中没有传输层，传输层只能存在于端系统（即主机）之中，传输层以上的各层就不再管信息传输的问题了。正因为如此，传输层就成为计算机网络体系结构中最为关键的一层。一般而言，传输层是以报文为传送单位的，如果该单位较长，则需要将其划分成若干个小组，在此基础上再交由网络层继续传输。

传输层的主要服务是建立、提供端到端的通信连接，即一个应用程序到另一个应用程序的通信连接，传输层需要完成下列任务。

（1）在不同物理节点上的应用程序间建立连接以传输数据，并可以提供可靠的连接。

（2）提高网络层提供的服务质量。

（3）用一个寻址机制（如端口号等）来标识一个特定的应用程序。

5. 会话层

会话层的功能是在传输层服务的基础上增加控制会话的机制，建立、组织和协调两个端系统间的交互。会话层虽然不参与具体的数据传输，但它却对数据传输进行管理。例如，确定是双工工作（每一方同时发送和接收）还是半双工工作（每一方交替发送和接收）。当发生意外时（如已建立的连接突然断了等），要确定在重新恢复会话时从何处开始。

6. 表示层

表示层的任务是解决用户信息的语法表示和语义解释问题，而在其下的各层则关注的是如何传递数据。不同的计算机系统可能使用不同的数据表示法，为了让这些计算机能够进行通信，它们所交换的数据结构必须以一种抽象的方式来定义。表示层定义了一种标准的编码方法，用来表达所传递的数据，从而保证一个系统的应用层送出的信息可被另一个系统的应用层读取，如同应用程序和网络之间的"翻译官"。表示层提供的关于数据表示方式的服务有：数据表示、数据安全和数据压缩。在会话层及以上的更高层次中，数据传送的单位没有另外再取名字，一般都可称为报文。

7. 应用层

应用层是 OSI 七层模型的第七层即最高层，也是最接近使用者的一层。它是计算机网络与最终用户间的接口，它在第六层提供的数据传输和数据表示等各种服务的基础上，为网络用户或应用程序提供完成特定网络服务所需的各种应用层协议。换言之，用户通过应用层的协议去完成用户想要完成的任务。

最低的三层是面向通信的，涉及将两台通信计算机连接在一起所使用的数据通信网的相关协议，实现通信子网功能。最高的三层是面向应用的，涉及两个端系统应用进程交互作用的协议，实现资源子网功能。中间的传输层为面向应用的上三层遮蔽了跟网络有关的下三层的操作。从实质上讲，传输层建立在由下三层提供服务的基础上，为面向应用的高层提供与网络无关的信息交换服务。

OSI 参考模型设计非常严谨规范，但并没有流行起来，在实际中完全遵循该模型的网络几乎没有，实际中得到广泛应用的是 TCP/IP 体系结构。尽管如此，OSI 模型的理论价值为考查其他网络系统结构及协议标准提供了框架和评估基础。

（二）TCP/IP 网络体系结构

TCP/IP（Transmission Control Protocol/Internet Protocol）即传输控制协议/网际协议，是 20 世纪 70 年代中期美国国防部为 ARPANET 开发的，TCP/IP 虽然不是国际标准，但经过多年实践检验已相当成熟，随着 Internet 的迅速普及与发展，已成为事实上的网络标准。

TCP/IP 分为四层，与 OSI 参考模型相比，结构更为简单，两者之间的对应关系如图 2-2-4 所示。它是由一系列协议组成的协议簇，包含上百个协议，传输控制协议 TCP 和网际协议 IP 是其中最基本也是最重要的两个协议。现在通常所说的 TCP/IP 并不一定单指这两个具体的协议，而是代指整个协议簇。

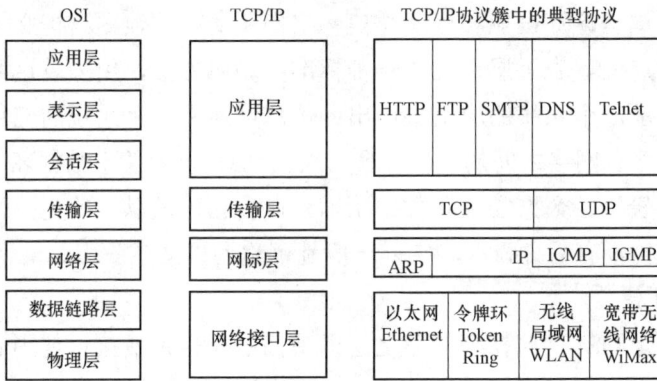

图 2-2-4　TCP/IP 体系结构与 OSI 参考模型的对应关系

下面介绍 TCP/IP 各层实现的具体功能和作用。

1. 网络接口层

相当于 OSI 的低两层，提供了 TCP/IP 与各种物理网络的接口，把 IP 数据封装成能在网络中传输的数据帧。TCP/IP 并没有在这层上确立具体的协议，不同的主机、网络在这层上使用的协议也不尽相同，这体现了 TCP/IP 的灵活性。

2. 网际层

相当于 OSI 的网络层，TCP/IP 规范了数据分组格式以及网络协议，也就是 Internet Protocol，简称 IP，指的是网络之间互联的协议，即专门针对计算机网络连接制定的协议。其功能是在保证互联计算机之间信息共享的同时，设计运行过程中需要遵守的基本规则。无论投入使用的计算机系统出自何处，只要符合 IP 协议便可做到互联互通。

网络中的主机为了相互通信必须采用一种寻址方法来定位，每个主机都有自己的标识，称为网络地址。网络地址有两种：一种是固化在网络适配器（网卡）中的，称为物理地址（MAC 地址），它工作在数据链路层；另一种工作在网络层，称为逻辑地址，指的是一个寻找地址的途径，能够自动屏蔽一些不必要的技术细节，将所有网络集中到一个平台上，可以在很大程度上确保各个网络之间的信息沟通。TCP/IP 网络中使用的逻辑地址又称为 IP 地址，Internet 上的每台主机和路由器都有一个 IP 地址，它包括网络号和主机号，这一编码组合是唯一的。

3. 传输层

TCP/IP 的传输层对应于 OSI 的传输层，也叫 TCP 层。传输层的主要协议有两个：一种是 TCP（Transmission Control Protocol，传输控制协议）；另一种是 UDP（User Datagram Protocol，用户数据报协议）。

面向连接服务器如同打电话，在与对方进行通话之前，势必要先拿起听筒完成拨号动作，如此才能接通信号开始交谈，然后结束通话。在运用面向连接服务器时同样如此，需要搭建连接两端的桥梁，然后开始数据传输，最后结束连接，这种服务类型可以为数据的准确性提供一定保障。

而无连接服务相当于寄信的过程，寄件人在填好收件人信息之后将其封装起来带到邮局，这个时候意味着寄件人已经完成了通信发送，不过信件需要经过邮局与运输系统的配合才能顺利传送到收信人手中，这期间信件与发信人没有任何关系。即便是寄件人在相同的时间给相同的收信人邮寄信件，信件传送的时间与到达的时间也会存在差异。因此，在无连接的情况下，不同内容的信息达到目的地的时间也不同，但这种现象在面向连接时便不会出现。

4. 应用层

应用层能够按照用户需要为其提供不同的服务，其中最为常见的有文件传输以及电子邮件。这些网络服务都必须通过应用层的协议来完成，每种应用层协议或应用程序都具有与传输层唯一连接的端口。

应用层的服务大多是采用客户机/服务器（Client/Server，简称 C/S）模式工作的。网络中的计算机分为两类：提供服务的一方称为服务器，获得服务或请求服务的一方称为客户机。每一次信息交换都要涉及客户端和服务器端两个层面，用户通过客户机软件向服务器发出服务请求，服务器接收客户机的请求，执行相应的操作，并将执行结果传送给客户端。

在 WWW 服务中，客户端主要是浏览器软件（Browser），服务端为 Web 服务器（Web Server），因此 WWW 服务的工作模式又被称为浏览器/服务器（简称 B/S）模式。可以把 B/S 模式看作是一种特殊的 C/S 模式，是对 C/S 模式的一种改进。B/S 模式减轻了系统维护与升级的成本和工作量，降低了用户的总体成本。

5. 计算机体系结构

管理信息系统是由计算机体系结构发展而成的，相当于计算机与相关网络体系结构的集合，逐渐由单机结构发展至工作站结构，再朝着服务器结构不断演进。

（1）单机结构

单机结构指的是处于相同系统中的各个计算机之间能够彼此独立，在这样的系统当中，每个计算机分别负责完成不同系统软件或数据的运行，并且互相之间不会传输信息或共享资源，只是依赖于磁盘储存功能进行数据传输。

单机结构不但无法直接完成信息传输、资源互换，并且使用过程中运行效率低下，不能满足信息实时性的要求，不过其安全性很高。

这类分散式结构常见于以单机为主的企业当中，其内部所有部门都会配备单机信息处理装置，但是彼此之间没有形成系统，容易导致"信息孤岛"的出现，因为部门与部门无法利用计算机辅助做好业务上的协调与合作。现阶段，部分企业依旧在沿用这种计算机体系，在进行部门之间合作的时候需要专门联网共享信息。

（2）主从结构

主从结构内部主机能够同时将所在地甚至是外地终端连接起来，将所有数据汇总分析，可以极大地提高数据共享效率。

利用信息技术，结合现代企业经营管理理念，实现企业资源信息的集成，为企业决策的制定、计划的实施以及业绩的评估提供有效参考。它与大多数系统软件有着本质的差别，其并非安装后即可投入使用，因为涉及企业经营中的各个环节的管控，为了确保其发挥作用，在实施之前需要满足两点：第一是系统要与企业管理流程相适应，第二是企业要做到规范化管理。

（3）文件服务器/工作站结构

自微机局域网络出现后，微机工作站的功用变为将企业内部所有资源整合起来，利用高性能微机完成信息的传输。事实上，信息处理各个环节本来就属于一个集成体，在它们之间构建一个连接的接口，能够在很大程度上提升企业管理水平。更重要的是，该结构具有许多难以取代的优势，这也是它备受企业青睐的根本原因。

文件服务器往往由多个主体构成，彼此间的运作有着紧密的关系，但如今传统的信息流通方式已无法满足市场需要，为了更好地融入市场，需要构建一个能够将相关主体与经营环节联系起来的平台。企业可以借助文件服务器实现多方管理，并且通过高效的统计与分析，助力企业发展。

（4）客户机/服务器结构

和多数操作系统比起来，客户机结构具有更突出的可操作性，可以在计划落实之前，完成对负荷的合理验证，确保平衡程度在标准范围之内。并且能够结合测试结果在第一时间优化不平衡之处，为工作人员制定方案留下充分的时间，使企业战略目标有序进行。

企业的生产与管理过程中会涉及大量财务数字，当有形的物料转化为无形的资金流时，需要保持双方数据的协调统一，同时转向期间服务器结构能够让"三大流"联合起来为财会部门提供准确的经营数据，确保企业经济效益不损失，并且能够在决策与管控期间提供基本保障。

（5）浏览器/服务器结构

Internet 技术的快速传播与应用，让企业信息系统迎来了新的发展契机，网络环境也更加趋于开放。

在这样的背景下，渐渐衍生出 Browser/服务器（Server）（B/S）这样的多层结构，它相当客户机/服务器结构的进化体。因为在该结构之中，大多数应用程序主要作用于客户端，任何客户都需要安装制定程序及工具，这导致系统灵活性与扩展性无法正常发挥，其内部结构也出现了多层次延伸。

这个时候，Web Serve 除了扮演浏览服务器的角色，还要承担应用服务器的责任，要同时运行多个应用程序。一般情况下，前台会更倾向于使用网络浏览器，就像 Microsoft 公司，任何与企业生产经营活动有关系的部门，都可以用 ERP 系统联系起来，让它们变成一个整体，促使相关工作人员及时明确自身岗位职责，运用自身优势为企业的发展助力。

市场变化日新月异，要想在这样的环境下稳定生存与发展，需要企业具备良好的应变能力，适应不同的发展需要。通过转换"页面"、整合资源的能力，能够对各种市场信息展开细致的追踪与反馈，让管理人员及时了解市场最新情况，有助于强化企业应变能力。

如果站在客户端的角度来看，该系统包含两层服务器，所以 B/S 结构属于三层客户机/服务器结构，其优点概括如下。

（1）考虑到建立在超文本协议（HTTP）基础上的 Web 服务器能够实现对应操作，且具有唯一性，引入实施信息化系统这种新进的管理理念，能够帮助企业构建起具有稳定弹性与适应性的全新管理模式，将客户的需要与企业发展战略结合起来，促进生产制造环节与供应商资源的协调发展，真正做到以信息为中心。

（2）因为 Internet 技术服从于跨平台通信协议，其对应接口软件应用程序与计算机平台并非一个整体，所以无论是系统的开放性，抑或是可移植性都非常理想。同时，在这样的网络环境下，不但能够打造一个不受 Internet 约束的管理信息系统，还可以便捷地联结互联网，高效实现通信。

（3）对于企业而言，内部浏览器、Web 服务器以及接口软件都并非唯一的，可以选择的范围很广，系统开发成功的语言类型越来越多，应用领域也越来越广，如常见的 HTML 语言，不但使用方便，并且很容易得到用户认可，能够进一步减少应用系统开发的时间与成本，提高经济效益。

6. 计算机网络的发展趋势

计算机网络继续向着综合化、宽带化、智能化和个性化方向发展，技术上向着 IP＋全光网络演进，曾经独立发展的电信网络、有线电视网络和计算机网络正在融合。

（1）三网合一

现阶段在市面上被广泛应用的网络主要有三种，分别是电信、计算机以及有线电视。信息技术水平的提升，使企业业务类型越来越全面，甚至部分新旧业务实现了有机融合，与之相对应的网络也开始了融合，这三类网络也不例外，它们已经朝着 IP 网络的方向不断前进，这便是"三网合一"。

如果是 IP 网络，它能够在整合数据、语音、音频的基础上，以分组交换的方式借助路由技术完成全球范围内的寻址活动，确保相关网络之间能够连接起来。自 IP 协议出现以后，它便成为网络空间公认的"共同语言"。

当"三网合一"成功，意味着 IP 网络已经构建完成，后续各类信息的传送只需要做好网络维护与管理即可。它能够帮助企业有效节约支出，并且能为客户带来更加完善的服务，这也是未来网络发展的主要方向。

（2）光通信技术

光通信技术的产生可以追溯到距今 30 年前，自光器件与光网协议普及之后，该系统化容量逐年扩充，从原来的 Mbps 级升级到了 Tbps 级，两者之间相差近 100 万倍。

按照相关的经验，光通信技术趋向于两方面发展：其一是光传送网，目标是打造全光网络；其二是光纤接入网，目标是将光纤迁移至千家万户的工作界面。所谓全光网络，指的是数据信息在传输或共享过程中主要用光的形式来呈现，在此期间不必进行光电的变化。也就是说，无论信息所处位置是起点，还是终点，都属于光域范围内。

（3）IPv6 协议

TCP/IP 协议族被誉为构成互联网的重要基石，IP 协议的重要性尤为突出，因为它处于整个协议的核心，位于网络层。现阶段比较流行的 IP 协议是 IPv4，其地址包含 32 位数，这意味着它的理论地址不低于 42 亿。

如今互联网已经深入到人们的生活与工作中，相关技术也越来越成熟，但 IPv4 还是有一些亟待解决的问题，如地址资源匮乏、路由表发生膨胀、线下设备支持力度不足等。

IPv6 即升级后的 IP 协议，地址长度达到 128 位，不会受到空间的限制，保守估计理论地址在 $3.4×1038$ 个以上。除此之外，IPv6 能够在永久解决地址匮乏问题的前提下，处理好上一代协议中的缺陷，如 IP 连接、信息传输质量、网络安全性等。

由此可见，IPv6 具有很强大的应用优势。为满足目前市场需求，相对应的实验网越来越多，不少公司已经明确表示会对此予以重视和支持，早在 2004 年，国家便已着手落实了第一个实验网，这标志着 IPv6 时代的正式到来。

（4）宽带接入技术

对于计算机网络来说，宽带接入技术可以说是动力之源，没有这一技术的支持，网络服务与应用将成为空谈。当宽带技术瓶颈得以突破，骨干网以及城域网的作用才会真正显示出来。虽然现阶段国内宽带接入技术类型非常多样，但是如果不能与光纤与光相融合，便无法在网络后续运行中发挥作用。随着宽带应用范围的扩大，当前光纤到户需要支出的费用已经被调整至低标准，大部分用户都能够承担，而之所以能够做到这一点，主要归功于两项技术支持：一是以无源光网络为基础支持的光纤到户技术；二是以自由空间光系统为基础的光纤到户技术，它可以承担起每秒几比特信息传送速度，相当于 Digital Subscriber Line、DSL、Hybrid Fiber Cable 及 HFC 的层次。

FSO 技术主要利用大气进行信号的传输，它与大多数光纤媒介不同，可以说是光纤通信的进化版。该技术可以提供接近光纤通信的速率，例如可达到 1 Gbps。它既在无线接入带宽上有了明显的突破，又不需要在稀有资源无线电频率上有很大的投资，因为不要许可证。FSO 和光纤线路相比，系统安装简便，时间会少很多，而且成本也低很多。FSO 现已在企业和居民区得到应用，但是和固定无线接入一样，易受环境因素干扰。

（5）移动通信系统技术

3G 系统比现用的 2G 和 2.5G 系统传输容量更大，灵活性更高。它以多媒体业务为基础，已形成很多的行业标准。3G 以上包括后 3G、4G 乃至 5G 系统，它们将更是以宽带多媒体业务为基础，使用更高、更宽的频带，传输容量会更上一层楼。它们可在不同的网络间无缝联接，为用户提供满意的服务；同时，网络可以自行组织，终端可以重新配置和随身携带，是一个包括卫星通信在内的端到端的 IP 系统，可与其他技术共享一个 IP 核心网，它们都是构成下一代移动互联网的基础设施。

随着移动通信和网络技术的发展，在任何时间、地点都能接入网络并获取所需的信息，已成为人们的普遍需求，也成为网络发展的方向之一，移动计算技术将使这种需求得到实现。移动计算技术将使计算机或其他信息设备在没有与固定的物理连接设备相连的情况下接入网络并传输数据、信息。移动通信需要解决传输层的可靠性、实时性、安全性问题以及网络层的路由问题，也需要数据链路层的移动组网技术和物理层的无线通信技术的支持。移动计算技术经过几年的发展，其标准和产品已日渐成熟，应用也日益广泛，在许多领域都获得了巨大的成功。

第三节　数据库技术

一、数据库技术概述

（一）数据管理技术的发展

计算机与人类相比，最大优势就是能够迅速处理大量数据。数据处理的核心问题是数据管理，数据管理是指对数据的分类、组织、编码、存储、检索和维护等。数据管理技术的发展大致经历了人工管理、文件系统管理和数据库系统管理三个阶段。

与人工管理和文件系统管理相比，数据库系统的特点主要有以下几个方面。

1. 数据结构化

数据结构化是数据库与文件系统管理的根本区别。在数据库管理阶段，数据库系统实现了整体数据的结构化，使用的数据模型不仅描述数据本身的特点，还描述数据间的联系。

2. 数据的共享性强，冗余度低

数据不再面向某个应用而是面向整个系统，因此数据可以被多个用户、多个应用共享。数据共享可以大大减少数据冗余，节省存储空间。而且，数据共享还能避免数据之间的不相容性与不一致性。

数据的不一致性是指同一数据不同备份的数据值不一样。采用人工管理或文件系统管理时，由于数据被重复存储，当不同的应用使用和修改不同的备份时就很容易造成数据不一致。在数据库中，数据共享减少了由于数据冗余造成的不一致现象的发生。

3. 数据独立性高

数据独立性包括数据的物理独立性和数据的逻辑独立性。

物理独立性是指用户的应用程序与存储在磁盘数据库中的数据是相互独立的，也就是说，数据在磁盘数据库中怎样存储是由数据库管理系统管理的，应用程序不需要了解，应用程序要处理的只是数据的逻辑结构，即使数据的物理存储改变了，应用程序也不需改变。

逻辑独立性是指用户的应用程序与数据库的逻辑结构是相互独立的，也就是说，数据的逻辑结构改变了，应用程序也可以不变。

数据与程序的独立，把数据从程序中分离出去，加上数据的存取又由数据库管理系统负责，这样就大大减少了应用程序维护和修改的工作量。

4. 数据由数据库管理系统统一管理和控制

数据库的共享是并发的共享，即多个用户可以同时存取数据库中的数据，甚至可以同时存取数据库中同一个数据，而这些都是由数据库管理系统统一管理与控制的。

（二）数据模型

数据库中的数据是具有一定结构的，即所谓数据的结构化。数据库的整体结构可区分为三类数据模型：层次模型、网状模型和关系模型。

二、关系数据库

关系型数据库是目前应用最广泛的数据库。数据库模型依赖于数据的存储模式，即数据存储的模式不同，数据库的性质也不相同。以关系模型作为数据组织存储方式的数据库称为关系数据库，关系数据库运用数学的方法来处理数据库中的数据，是建立在严密的数学基础之上的一种数据组织存储方式。

（一）关系模型

关系模型的数据关系定义比较复杂，我们可以把关系模型的数据结构理解为一张二维表格，如表 2-3-1 所示。

表 2-3-1　关系模型示例

学号	姓名	电子商务概论	管理信息系统	总分
04151101	李彪	87	71	158
04151102	郑子昂	93	95	188
04151103	王小芳	79	88	167
……	……	……	……	……

表格中的一行代表一个实体，称为记录；一列代表实体的一个属性，称为数据项。记录的集合称为关系，关系具有如下性质。

（1）数据项不可再分（即不可表中套表）。

（2）关系中的列是同性质的，称为属性，属性之间不能重名。

（3）关系中不能出现相同的记录，记录的顺序无所谓。

（4）每个关系都有一个主键，它对标识关系中的记录具有唯一性。

（5）关系中列的顺序不重要。

（二）关系数据库的相关概念

关系数据库是以关系模型为基础的数据库，它利用关系来描述现实世界。关系模型由三部分组成：数据结构、关系操作集合和关系的完整性。

1. 数据结构

在关系模型中，无论是实体还是实体之间的联系均通过单一的结构类型即关系来表示。

2. 关系操作

关系操作是指关系代数（或等价的关系演算）中的并、交、差、选择、投影、连接等。关系模型给出了关系操作的功能和特点，但不对数据库管理系统的语言作出具体的语法要求。关系语言的特点是高度的非过程化，其操作方式是集合操作，即操作的对象和结果是集合，它是一次一集合，而不是一次一记录。

3. 关系完整性

关系完整性是指实体完整性、参照完整性和用户自己定义的完整性。实体完整性是保证数据库中记录的唯一性，即每个记录的主键不能为空值，也不能与其他记录的主键相同。参照完整性是保证表与表之间语义上的完整性，即当一个表引用在另一个表中定义的实体，要保证这个实体的有效性。这两种完整性是关系模型必须满足的约束条件，应该由关系系统自动支持。而用户自定义完整性反映了用户的要求，是用户自行定义的。

（三）关系数据库语言 SQL

关系数据库语言是一种非过程语言，非过程语言是有别于过程语言的，它对用户只说明"做什么"，指出需要何种数据，至于"如何做"才能获得这些数据，则不必说明，由系统来实现即可。由于关系数据模型的抽象级别比较高，数据模型本身也比较简单，这就为设计非过程关系数据库语言提供了良好的基础。

目前，为关系数据库配备非过程语言最成功、应用最广的首推 SQL（Structured Query Language）。它是一种基于关系代数和关系演算而产生的语言，于 1974 年提出，并在数据库系统 SYSTEMR 上得以实现。由于使用方便，功能齐全，简单易学，SQL 很快得到推广。一些主流数据库管理系统产品（如 ORACLE、Sybase、DB2、SQL Server 等）都运用了 SQL 语言。到 20 世纪 80 年代中期，国际标准化组织（ISO）采纳 SQL 为国际标准语言。1992 年公布了 SQL2 的版本，其后又在 SQL2 的基础上引入很多新的特征，衍生出 SQL3 版本。目前 SQL 语言已不限于查询，它的功能包括数据定义、数据操纵、数据库控制、事务控制四个方面，是一个综合、通用、功能强大的关系数据库语言。

（1）数据定义：用于定义和修改数据库数据，如 CREATETABLE（创建表）、

DROPTABLEC（删除表）等。

（2）数据操纵：对数据进行增、删、改和查询操作，如 SELECT（查询数据）、INSERT（插入记录）、DELETE（删除记录）、UPDATE（修改数据）等。

（3）数据库控制：控制用户对数据库的访问权限，如 GRANTEC（授予权利）、REVOKE（取消权利）等。

（4）事务控制：控制数据库系统事务的运行，如 COMMITC（事务提交）、ROLLBACK（事务撤销）等。

SQL 有以下几个比较突出的优点。

（1）一体化。SQL 可以完成包括数据库定义、修改、删除、数据更新、数据查询等数据库生命周期中的全部活动，给用户的使用带来诸多方便。

（2）灵活。SQL 有两种使用方式：一种是联机交互使用，一种是嵌入某种高级设计语言的程序中。这两种方式的语法结构是统一的，这样既给用户带来了灵活的选择余地，又不会带来程序不一致的困扰。

（3）高度非过程化。与高级编程语言相比，SQL 在数据库的操作方面是非常有优势的。使用 SQL 的用户只需要提出做什么，不用了解实现的细节，复杂的过程均由系统自动完成。

（4）语言简洁，易学易用。

（四）常用关系数据库简介

1. ORACLE0

ORACLE 是一种适用于大型、中型和微型计算机的关系数据库管理系统，它使用 SQL 作为数据库语言，1987 年被 ISO 定为国际标准。

2. SYBASE

SYBASE 是美国 SYBASE 公司在 20 世纪 80 年代中期推出的客户机/服务器结构的关系数据库系统，也是世界上第一个真正的基于客户机/服务器结构的关系型数据库管理系统产品。

3. DB2

DB2 是 IBM 公司开发的关系数据库管理系统。

4. SQL Server

SQL Server 是微软公司开发的一个关系数据库管理系统，以 Transact-SQL 作为它的数据库查询和编程语言。T-SQL 是结构化查询语言 SQL 的一种，支持 ANSISQL-1992 标准。

数据库是信息系统设计的基础和核心，数据库设计直接关系到信息系统开发的成败和优劣。在信息系统中，数据设计是指根据业务需求、信息需求和处理需求，确定信息系统中的数据结构、数据操作和数据一致性约束的过程。数据库设计分为概念设计和数据模型设计。

三、E-R 概念设计

（一）概念设计

E-R 图也即实体-关系图（Entity Relationship Diagram），提供了表示实体型、属性和关系的方法，是用来描述现实世界的概念模型。E-R 模型有三个组成要素。

（1）实体。凡是又区别又可以被人们识别的事、物、概念等统统抽象为实体。

（2）属性。实体都具有若干特征，这些特征称为实体的属性。

（3）关系。现实世界中客观事物内部及客观事物之间的联系在信息世界中被描述为实体（型）内部的关系和实体（型）之间的关系。前者通常是指组成实体的各个属性之间的关系，后者则是指不同实体集之间的关系。

设 A、B 为两个包含若干个体的总体，两者建立了某种关系，其联系方式可以分为以下三种类型。

（1）一对一关系（1:1）。如果实体集 A 中的某一个实体，在实体集 B 中至多只有一个实体与之有关系，在实体集 B 中的某一个实体，在实体集 A 中也至多只有一个实体与之有关系，那么我们称实体集 A 与实体集 B 之间具有一对一的关系。如图 2-3-1 所示。

图 2-3-1　实体 1:1 关系

（2）一对多关系（1:n）。如果对于实体集 A 中的每一个实体，实体集 B 中有 n 个实体（$n \geq 0$）与之有关系；对于实体集 B 中的每一个实体，实体集 A 中至多只有一个实体与之有关系，那么我们称实体集 A 与实体集 B 之间具有一对多的关系，记为 1:n，如图 2-3-2 所示。一对一关系是一对多关系的特例。

图 2-3-2　实体 1:n 关系

（3）多对多关系（$m:n$）。如果对于实体集 A 中的每一个实体，实体集 B 中有 n 个实体（$n \geqslant 0$）与之有关系；对于实体集 B 中的每一个实体，实体集 A 中也有 m 个实体（$m \geqslant 0$）与之有关系，那么我们称实体集 A 与实体集 B 之间具有多对多的关系，如图 2-3-3 所示，一对多关系是多对多关系的特例。

图 2-3-3　实体 $m:n$ 关系

（二）E-R 图的画法

我们在考察了客观事物及其联系之后，即着手建立 E-R 模型。在模型设计中，首先根据分析阶段收集到的资料，利用分类、聚集、概括等方法抽象出实体，并一一命名，再根据实体的属性描述实体间的各种关系。E-R 模型图中用矩形表示实体，实体间的关系用菱形表示，用无向边把实体和关系连接起来，在边上标明关系的类型。实体的属性可以用椭圆表示，并用无向边把实体和属性连接起来。

如用 E-R 图来表示某个学校日常教学管理的概念模型图，对日常教学管理进行认识分析，日常教学管理涉及的实体有：学生，属性有学号、姓名、性别和出生日期；教师，属性有教师编号、姓名、学历和专长；课程，属性有课程号、课程名称、学分；院系，属性有院系编号、院系名称、联系电话。这些实体之间的关系如下。

（1）一个院系可以容纳若干个教师和学生，一个教师或学生只能隶属于一个院系，因此院系和教师之间以及院系与学生之间是一对多的关系。

（2）一个院系可以开设多门课程，一门课程只能由一个院系提供，因此院系和课程之间是一对多的关系。

（3）一个教师可以教授多门课程，一门课程可以由多位教师主讲，由此可以看出，教师和课程之间是多对多的关系。

（4）学生可以选修多门课程，一门课程可以被若干个学生选修，学生与课程之间是多对多的关系。

根据以上资料画出 E-R 图如图 2-3-4 所示。

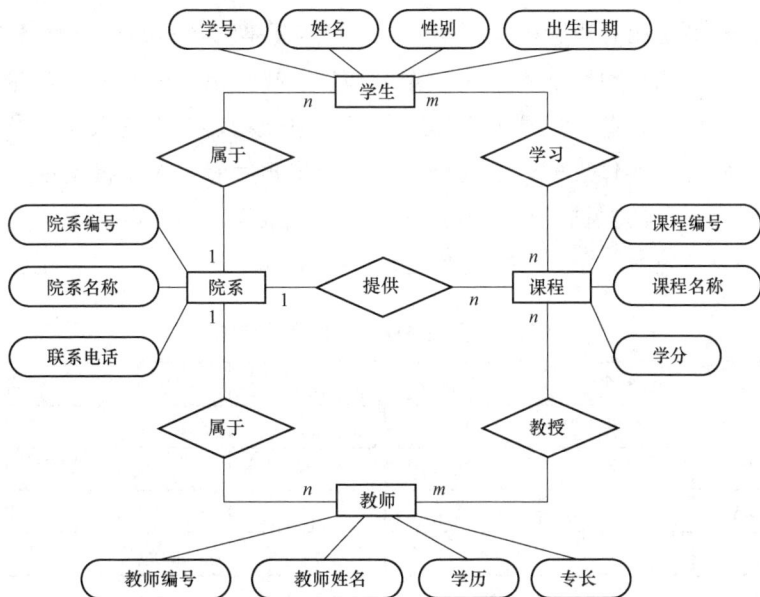

图 2-3-4　教学管理 E-R 图

E-R 图是对现实世界的一种抽象，它抽取了客观事物中人们所关心的信息，忽略了非本质的细节，对这些信息进行了精确的描述。设计 E-R 图应遵循以下原则。

（1）首先针对特定用户的应用，确定实体、属性和实体间的关系，画出反映该用户视图的局部 E-R 图。

（2）综合各个用户的局部 E-R 图，产生反映数据库整体概念的总体 E-R 图。在综合时，删掉局部 E-R 图中的同名实体，以便消除冗余，保持数据的一致性。

（3）在综合局部 E-R 图时，还要注意消除那些冗余的关系，冗余信息会影响数据的完整性，使维护工作复杂化，但有时也要折中考虑，有时必要的冗余会提高数据处理效率。

（4）综合局部 E-R 图时也可以在总体 E-R 图中增加新的关系。经过综合后的 E-R 图应尽量真实地模拟现实世界，这样也更容易被用户理解。

四、数据模型设计

数据模型是相对概念模型而言的，是对客观事物及其联系的数据化描述。在数据库系统中，对现实世界中数据的抽象、描述以及处理等都是通过数据模型来实现的。目前，主要的数据模型是关系模型，即用关系（二维表格数据）表示实体和实体之间联系的模型。从用户角度看，关系模型由一组关系组成，每组关系的数据结构是一张规范化的二维表。现在以学生信息登记表（见表2-3-2）为例，介绍一些关系模型中的术语。

表 2-3-2　关系模型中的数据结构

学号	姓名	年龄	性别	系别	年级
2009001	王明	19	男	计科	2009
2009002	李强	20	男	历史	2009
2009003	张倩	18	女	化学	2009
……	……	……	……	……	……

（1）关系：一组关系对应一张表。

（2）元组：表中的一行即为一个元组。

（3）属性：表中一列即为一个属性，给每个属性起一个名称即属性名，如这张表中对应6列，即对应6个属性（学号、姓名、年龄、性别、系别和年级）。

（4）码：也称为码键，表中的某个属性组可以确定一个元组，且具有唯一性。

（5）域：属性的取值范围，如人的年龄一般在1～100岁，性别的域是（男、女），系别的域是一个学校所有系别的集合。

（6）分量：元组中的一个属性值。

ER图中描述的是概念模型，由概念模型向关系模型转换时，需要把E-R图中每一个实体或关系转换为关系模型中的关系，具体转换的规则如下。

（1）E-R图中每个实体，转换为一个相应的关系，该关系包括对应实体的全部属性，并确定出该关系的主关键字，一个关系是一张二维表。

（2）"关系集"，根据关系方式不同，采取不同方法使被它关系的实体对应的关系实现某种联系（一般通过外部关键字实现）。

第四节 Web 开发技术

一、Web 技术概述

WWW 简称为 Web，中文译作万维网。此处的"网"，是指它的资源组织方式，而并非指某种特殊的物理网络（Network）。Web 是建立在浏览器/服务器（B/S）模式之上，以 HTML 语言（Hyper Text Markup Language，超文本标记语言）和 HTTP 协议（Hype Text Transmission Protocol，超文本传输协议）为基础，能够提供面向各种 Internet 服务的、一致的用户界面的信息浏览系统。Web 的信息存储方式是相互链接的超文本文档，通常称为网页（Web Page）。超文本中不仅含有文本信息，还包括图形、声音、图像、视频等多媒体信息（因此超文本又称超媒体），更重要的是超文本中隐含着指向其他超文本的链接，这种链接称为超链接（Hyper Links）。利用超文本，用户能轻松地从一个网页链接到其他相关内容的网页上，而不必操心这些网页分散在哪台主机。

组织或个人需要向外发布或共享信息时，先用 HTML 编写好内容，存放在 Web 服务器上，远端的用户需要浏览这些信息时就启动一个称为"浏览器"（Browser）的软件。浏览器按照 HTTP 协议向 Web 服务器提出请求，Web 服务器收到请求后，找到相关资源，按 HTTP 以 HTML 的形式传输给浏览器，浏览器将传送过来的 HTML 显示成网页。由于浏览器使用图形用户界面（GUI），用户在使用计算机时不必用键盘输入各种操作命令，只需用鼠标选择相应的图标来进行操作，非常方便。常用的浏览器有 Internet Explorer（IE）、Firefox、Safari、Chrome 以及 Opera 等，Web 技术因其易用性已成为当前互联网中使用最多的一种服务，一些传统的网络服务如 Email 等都可以借助 Web 技术来实现。

二、Web 体系结构

Web 采用的工作系统是一种复杂的分布式系统。为了研究与实现的方便，Web 应用程序通常从逻辑上分成相对独立的模块，称为"层"。分层是为了实现"高内聚、低耦合"，采用"分而治之"的理念，把问题划分开来各个解决，易于控制、延展和分配资源。每一个层完成特定的功能，并与其他层相互配合。Web 应用最常见的是采用三层架构，分别为表示层、中间层和数据层，可实现界面显示、业务逻辑处理和数据存储的分离。对于更复杂的应用，三层架构可能不能满足相应要求，这时通常将中间层细分为一个更精细的模式，从而构成一个多层（N 层）的结构。层与层之间是一种弱耦合结构，可以采用分布式的部署，以实现系统的最佳负载功能。

Web 技术结构如图 2-4-1 所示。在这个结构中，Web 客户机是指安装了浏览器的客户端，Web 服务器是用以存放多媒体数据资源和执行 WWW 服务的主机，而中间件可以调用 Web 服务器中的数据库和其他应用程序。

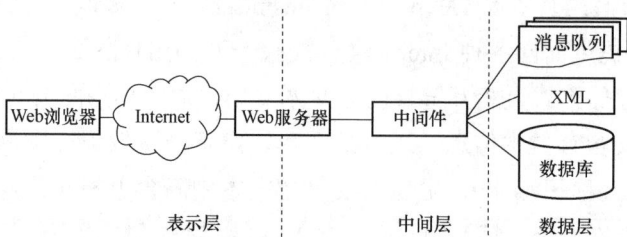

图 2-4-1　Web 技术结构

表示层也叫用户接口层，是直接为用户提供应用服务的。表示层的用户界面主要是 Web 浏览器，表示层运行的主要是 HTML 网页。表示层的主要作用是接收用户的指令，提交给中间层来处理，同时负责将业务逻辑层的处理结果显示给用户。由于客户端并不处理复杂的业务逻辑等操作，相比传统的 C/S 结构对客户端的资源要求要低一些。

中间层也叫业务逻辑层，主要任务是接收表示层的数据请求，根据这些请求，执行必要的业务逻辑处理，包括对数据层的访问，然后将处理结果返回给表示层。中间层是三层架构中最核心的一个层。

数据层也叫数据访问层，其功能主要是负责数据的访问，数据源可以是数据库系统、消息队列、XML 文档以及其他数据存储文档。

三、静态网页和动态网页

网页根据生成方式，大致可以分为静态网页和动态网页两种。

（一）静态网页

静态网页是一般直接使用 HTML 语言编写，通常以 Htm、Html、Shtml、Xml 等为扩展名存储于 Web 服务器的静态文件上。静态网页是网页制作者在设计时决定文件的内容，浏览者每次访问静态网页都会得到相同的结果，除非网页制作者修改了网页的内容。静态网页的主要优点是简单、可靠、性能好。缺点是灵活性差，当信息发生变化时，必须重新设计网页，更新会不及时；信息单向流向，缺少交互性，访问者只能被动地浏览网站建设者提供的网页内容。早期的网站常采用这种方式制作。在 HTML 格式的网页上，也可以出现各种动态的效果，如 GIF 格式的动画、FLASH、滚动字幕等，但这些"动态效果"只是视觉上的，与下面将要介绍的动态网页是不同的概念。

静态网页一般具有以下特点。

（1）静态网页每个网页都有一个固定的 URL，且网页 UR 以.Htm、.Html、.Shtml 等常见形式为后缀，而不含有"？"。

（2）网页内容一经发布到网站服务器上，无论是否有用户访问，每个静态网页的内容都是保存在网站服务器上的，也就是说，静态网页是实实在在保存在服务器上的文件，每个网页都是一个独立的文件。

（3）静态网页的内容相对稳定，容易被搜索引擎检索。

（4）静态网页没有数据库的支持，在网站制作和维护方面工作量较大。因此，当网站信息量很大时完全依靠静态网页的制作方式比较困难。

（5）静态网页的交互性较差，在功能方面有较大的限制。

（二）动态网页

静态网页上的每一行代码都是由 Web 开发人员预先编写好、实实在在存储在 Web 服务器上，发送到客户端的浏览器上后不再发生任何变化。动态网页与网页上的各种动画、滚动字幕等视觉上的"动态效果"没有直接关系。这里所说的动态网页可以是纯文字内容，也可以是包含各种动画的内容，这些只是网页具体内容的表现形式，无论网页是否具有动态效果，采用动态网站技术生成的网页都称为动态网页。真正的动态网页体现在"交互性"上，也就是动态网页能根据不同浏览者的请求和访问时间显示不同的内容。

从浏览者的角度看，无论是动态网页还是静态网页，基本都是文字和图片信息，但从网站开发、管理、维护的角度看，两者具有很大的差别。首先，动态网页是在静态网页的基础上，添加服务器端脚本或命令，实现与服务器的交互；其次，动态网页一般以数据库技术为基础，降低网站维护的工作量；最后，采用动态网页技术的网站可以实现更多的功能，如用户注册、登录、在线调查、网上购物、订单管理等。常用的动态网页技术主要有：CGI、ASP、ASP.NET、PHP、Servlet 和 JSP0。

1. CGI

CGI（Common Gateway Interface，公用网关接口）是用来建立动态网页的技术。当用户在客户端的 Web 浏览器上向服务器发送 HTTP 请求时，可以在发送请求的同时附带数据信息。当服务器接收到该请求时，它会调用一个 CGI 程序响应请求，然后由 CGI 程序负责从请求中提取数据，并对提取的数据进行操作（如查询数据库）。最后根据执行结果产生一个 HTTP 响应，此响应一般是根据执行结果生成的新 HTML 文档。

CGI 的网页可以用很多语言编写，如 C、C++、VB 和 Perl 语言。它在语言的选择上有很大的灵活性，最常用的 CGI 开发语言为 Perl。它有一个最大的缺点：通常，CGI 对每个 HTTP 请求都产生一个新的进程，当通信量很小时，不会产生问题，但当通信级别增长时，就会造成大量的系统开销，导致系统的运行效率降低。

2. PHP

PHP（Hypertext Preprocessor）是一种在服务器端运行的、HTML 文档中嵌入的脚本语言。它借鉴 C 语言、Java 语言和 Perl 语言的语法，同时具有自己独特的语法，可以运行于多个平台上。

PHP 采用源代码公开方式，这使它可以不断地加入新东西，形成庞大的函数库，以实现更多的功能。PHP 几乎支持现在所有的数据库，但是 PHP 没有像 JSP 和 ASP 那样对组件的支持功能，扩展性较差。

3. ASP

ASP（Active Server Pages）是微软公司提供的开发动态网页的技术，具有开发简单、功能强大等特点。ASP 让生成 Web 动态内容及构造功能强大的 Web 应用程序的工作变得十分简单。例如，要收集表单中的数据时，只需要将一些简单的指令嵌入到 HTML 文件中，就可以从表单中收集数据并进行分析处理。对于 ASP，还可以便捷地使用 ActiveX 组件来执行复杂的任务，如连接数据库以检索和存储信息。

ASP 是和平台相关的，即只能运行在 Windows 平台上。除此之外，ASP 程序代码不够结构化，其中混合了 HTML 标记、客户端脚本和服务器端脚本。

4. ASP.NET

ASP.NET 也是微软公司提供的开发动态网页的技术。ASP.NET 相对于 ASP 是一个革命性的创新，从运行机制上来说，ASP 属于一种解释型的编程框架，它的核心是 VBScript 和 JavaScript 脚本语言。这两种脚本语言决定了 ASP 会"先天不足"，因为这两种脚本语言无法像传递的编程语言那样进行底层操作，所以有时不得不借助其他语言编写的组件。ASP.NET 是一种编译型的编程框架，它的核心是 NET Framework。它可以运用 Visual Basic.NET 和 C#等编程序语言进行开发，这样就不需要借助其他组件来完成一些底层操作。在运行速度上，ASP.NET 是先编译后运行，也就是第一次请求时会进行编译，之后的请求就可以在前面的编译结果上直接运行；而 ASP 是解释型脚本语言，每次请求都需要进行解释。ASP.NET 与 ASP 都是微软公司推出的动态网页技术，它与 ASP 一样，最好的运行平台为 Windows。

5. Servlet 和 JSP

Servlet 和 JSP 都是基于 Java 语言生成的一种动态网页技术。Servlet 程序其实就是 Java 程序，只不过它所使用的类库为 Java Servlet API，用于编写服务器端的程序。Servlet 继承了 Java 语言所具有的优点——跨平台、安全性、易开发等，但是 Servlet 的页面显示和业务逻辑没有分离，使其编写难度较大。

为此，Sun 公司推出了一种新的动态网页技术 JSP（Java Server Pages）。JSP 是在传统的 HTML 页面上加入 Java 程序片段和 JSP 标记构成的。这样，就可以将页面表示层和业务逻辑层进行分离。将页面表示层和业务逻辑层分离的好处是：Web 开发人员可以使用 HTML 来设计页面的显示部分，而程序开发人员可以使用 JSP 指令和 Java 程序片段来实现业务逻辑功能。

Servlet 和 JSP 作为 J2EE（Java2 企业版）开发平台的一部分，它们最大的好处就是可以跨平台，可实现"一次编写，处处运行"。

第三章 "互联网+"对传统企业的影响

本章主要论述"互联网+"对传统企业的影响，主要内容包括"互联网+"概述、传统企业的"互联网+"转型以及"互联网+"企业信息化应用的"新常态"。

第一节 "互联网+"概述

"互联网+"可以简单理解为"互联网+各个行业"，也就是通过互联网软件、硬件及信息技术等手段让生活变得更加省心、便利、美好；让社会各行各业的生产、服务、管理更加信息化、智能化、高效化。

"+"是什么？简要地说，"+"就是"+农工商信息"，就是把传统产业升级为现代企业和未来企业，就是"+行业""+企业"。

一、网络发展历程

网络一词来自交互网络，其由两个以上的计算机、各类型机构网站互相链接而成，提供电子邮件、购物、商品、资金、娱乐等服务。

网络发展历程分为网络导入期、网络制度化、网络商业化三部分。

（一）网络导入期

网络兴起于 20 世纪 60 年代末期，它从那时候连接各个大学校园的大型计算机及其用户，颠覆了校园间通过电话系统与邮件进行一对一沟通的交流模式。

（二）网络制度化

美国国防高级研究计划局最先着手构建军事网络。1986 年，国家科学基金会着手进行网络普及；1989 年，蒂姆·伯纳斯·李在位于日内瓦的欧洲粒子物理研究中心（CERN）发明了万维网（World Wide Web，WWW）。

（三）网络商业化

政府机构鼓励私人接线，扩充网络骨干，并提供全球性服务。1994 年开始在网络上做营销及刊登广告，2000 年通过网络提供军事设施和研究型大学等机构以外的服务。

二、网络类型

网络因其特性与用途的不同而有不同的名称，我们依网络大小次序排列，将网络类型（Internet Format）分为因特网、网络、入口网站、群聚网站、企业外部网络、企业入口网站和企业内部网络等七种。

（一）因特网（I.）

全球网络是由数以百万计的公司、政府、组织、个人等网络，以及电子邮件、网络群组等服务组成，称为网际网络，即因特网（Internet）。

（二）网络（W.）

网络是因特网的一部分，使用微软 IE（Internet Explorer）浏览器，支持图形接口、超文件（Hypertext）随意搜寻数据。

（三）入口网站（P.）

入口网站（Portal）是进入因特网的入口，是提供消费者连接至其他网页的起点，也是新闻、游戏、地图、购物、搜索引擎等多元服务的终点，如 Yahoo、Lycos、Excite 等。

（四）群聚网站（H.）

群聚网站（Hub）又称为集结网站（Hub），是网上特定业者、同好或族群所建立的网站，吸引买家、卖家至此交易，如 Chemdex 是实验室用品的群聚网站。

（五）企业外部网络（E.）

企业外部网络（Corporate Extranet）属于企业网络，允许同属集团公司的其他分公司或价值链上的策略伙伴进入浏览，有权限上的限制。

（六）企业入口网站（C.P.）

企业入口网站（Corporate Portal）是企业内部网络的第二代，会把员工数据、通信需求、公司内部文件、数据库、群体分享软件、电子邮件、行事历等信息合并到同一接口。

（七）企业内部网络（I.）

企业内部网络（Corporate Intranet）使用与因特网相同的超文本标示语言（HTML）及浏览器，是一个迷你的因特网，主要供企业内部使用。

三、网站类型

为便于读者了解各类网站，将网站类型（Website Format）分为政治网站、经济网站、社会服务网站、科技网站、信息网站、综合网站六种。

（一）政治网站（P.）

政治网站（Politics Internet）是指具有政治立场的网络组织、机关、团体或个人，如国防部网站、政党组织网站等。

（二）经济网站（E.）

经济网站（Economy Internet）是指从事金融性、消费性商品的网络组织、机关、团体或个人，如网络银行、拍卖网站等。

（三）社会服务网站（S.）

社会服务网站（Society Service Internet）是指从事公益性、服务性及咨询性的网络组织、机关、团体或个人，如基金会网站等。

（四）科技网站（T.）

科技网站（Technology Internet）是指介绍科技产品、信息的网络组织、机关、团体或个人，如趋势科技网站、赛门铁克网站等。

（五）资讯网站（I.）

资讯网站（Information Internet）是指提供数据、信息、新闻供网络用户参考、查询的网络组织、机关、团体或个人，如 Google、Openfind 等搜寻网站。

（六）综合网站（C.）

综合网站（Combination Internet）又称入口网站，指提供各类型数据、产品或服务供用户接近使用（Access）的网络组织、机关、团体或个人。

四、网络功能（DESMSS）

网络提供各类活动及服务，其不同功能与用途可分别满足各种消费者的需求。网络功能（Internet Function）分为决策、娱乐、守望、营销传播、社交、服务六部分。

（一）决策（D.）

受知识领域的广阔性和人们认识的局限性影响，世界上还存在很多未知的领域。对这些未知领域的探索，可以通过学习过程和信息搜索来提供决策参考与依据，这称为决策（Decision-make）。例如，公司准备引入 CRM、SCM、ERP 等信息体系，管理者可观摩其他公司执行情形，以供决策参考。

（二）娱乐（E.）

网络上有许多有趣、新鲜、新奇的信息，这些信息可以增加生活情趣与乐趣，称为娱乐（Entertainment）。例如，上在线游戏网站与网友进行对战、上在线电影网站找最新上映的电影介绍、上旅游网站观看各地美景等。

（三）守望（S.）

网络上的预告、预测信息可以给网友提供事先准备、预防、防范的措施，称为守望（Surveillance），如病毒消息、活动信息等。

（四）营销传播（M.C.）

网络世界四通八达且无边无际，它可将传递信息，颠覆了以往的传播方式、对象，使传播者、受播者融为一体，这称为营销传播（Marketing-Communication），如寻人、求助的消息可借由网络大规模传播等。

（五）社交（S.）

网络提供许多接口或平台，如博客、聊天室与社群网站，作为与人沟通、交友的平台，称为社交（Sociality）。

（六）服务（S.）

网络提供许多接口或平台，作为产品介绍、吸引顾客等渠道，称为服务（Services）。

五、网络服务（CMBPI）

网络提供各种类型服务，可将网络服务（Internet Services）归纳为资金流、物流、商流、人流及咨询流五大类，统称知识流（Intelligence Flow）。这里针对各项服务列举相关产业供读者参考。

（一）资金流（C.）

网络发展初期吸引许多怀抱"黄金梦"的网络新贵，促进在线资金大量流动，包括大量资金投入网络产业、网络购物在线交易机制等，称为资金流（Cash Flow）。

1. 资金流服务商家

资金流服务商家，如富邦金控、在线银行、在线交易中心等。

2. 在线付款机制

较普遍的在线付款方式，包括信用卡、电子钱包、虚拟货币、金融机构转账及货到付款等。

（1）信用卡：由于对网络安全机制存在疑义，消费者不愿冒险在网络上使用信用卡。基于信用卡被冒用的风险，有业者推出限额信用卡，指持卡人在线消费时，实时向银行申请一个临时账号与额度，使用后予以停用，以降低被盗用的风险。

（2）电子钱包：类似预付卡或储值卡，由消费者预先存入一笔金额，在网络购物交易时，依货款金额从电子钱包中扣除，转到商家账户，即完成付款程序，如 Icash、悠游卡等。

（3）虚拟货币：由网络商店发行的一种货币，流通于网络上，消费者依据店家的规定，按照一定的程序取得货币，可在特定网络商店消费。

（4）金融机构转账：脱机支付方式如划拨、汇款、货到付款等方式，需要建立更完善的安全机制来带动网络付款风潮，享受网络时代带来的便利。

（5）货到付款：网络购物常出现付款却收不到商品的案例，导致消费者不愿轻易在线付款，货到付款顺势而生成为较受青睐的付款方式，可达到一手交钱、一手交货的银货两讫目标。

（二）物流（M.）

提供网络平台实体或虚拟货物的流动，称为物流（Material Flow）。前者需通过运输设备传送，后者利用通信网络传递，其系统非常复杂，详细内容介绍如下。

1. 物流服务商家

物流服务商家，如大荣货运、德邦物流等。

2. 物流内涵

狭义的物流是指存货管理（订购点与订购量的决策）、仓储管理（点收入库、储位管理、安全管理、盘点、领料出货）、包装（分装、组配、装箱、标示）、运输（途程安排、车队管理、交货点收）等。

广义的物流是指包括物料结构列表（Bill of Material、BOM）、物料编号、供货商管理、客户数据管理、仓库位置选择等作业，并与组织的营销、生产与交易对象有关。

3. 自行处理与外包

网络商店的兴起让物流需求增加，专业物流中心纷纷出现，许多传统的仓储、货运或通路业也相继加入，争取最后的市场。例如，711 分店众多，推出网络下单、711 取货模式，导入网络营销物流市场，或者厂商利用 711 广布的通路，也采取至 711 取货的方式。

店家自行处理货物配送虽然拥有对物流作业的高度掌控力，但受专业程度与设备成本的影响，其成本比物流外包成本更高。物流外包服务借助物流公司专业知识与技能，辅以经济规模带来的成本降低效应，是网络商家规划与选择物流系统时应该深思的问题。

（三）商流（B.）

在线交易过程中，从企业内部接到订单开始，业务单位确认订单后转交生产部门，准备生产线排程，并备料生产；同时，库存管理部门盘点原物料库存量，存量不足时则开出采购单向供货商订货，待物料入库后，财务部门随即付款；物料经过制造、装配、质量检验、包装、入库，等待业务部门出货至目的地，交运、点收、开立统一发票后，收回货款入账，即结案，这一企业运作的流程称为商流（Business Flow）。

网络所提供的商流，除了是企业体内部运作的过程外，也是在线商机的扩展，但凡各式新奇、新鲜、新颖的产业加入都是网络商机。

（四）人流（P.）

网络活动通过吸引人潮和人才来增加网站流量，也给公司提供大量的人力资源，或聚集志同道合的顾客成为社群，这一过程称为人流（Population Flow）。

谈到网站流量，有些集客能力较佳的网站，常常屡创网站流量新高，如游戏橘子网站。对广告主而言，人潮流动密集的网站若能够使客群结构和公司诉求趋于一致，投入大量广告预算是最佳选择。

越来越多的网络产业提供人力服务，形成人潮聚集。聚集志同道合顾客的社群网站，像网络同学会、爱情公寓等，这些都是提供人流服务的厂商。

（五）信息流（I.）

随着业务流程的进行，有许多相关的信息会在消费者、各部门或机构间流动，这称为信息流（Information Flow）。为便于知识的运用与统合，信息流的设计与应用需将信息内容、格式、流动方向、传递方式、交换方式，甚至信息安全等问题列入考虑，因为在网络流通中很容易发生数据难以整合，或容易被截取、篡改、冒用等问题。

信息的流动依据业务流程发展，目的在于促使业务流程有效进行或达成与消费者的良性沟通，但因牵涉范围可能涉及企业内部环境、供货商、合作伙伴等，应妥善规划。

目前提供信息服务的网络商家很多，如入口网站 Yahoo 知识、模仿市场研究公司等。

第二节 传统企业的"互联网+"转型

一、互联网向产业互联阶段进化

1994 年 4 月 20 日，连接着数百台电脑主机的中关村教育与科研示范网络工程成功实现了与国际互联网的全功能连接，中国正式成为具有全功能互联网的国家，由此也诞生了中国互联网三大巨头，即百度、阿里巴巴、腾讯，这之后的 20 多年被称为消费互联网时代。这期间 BAT 主导着互联网行业的发展方向，不管是电商、搜索还是社交领域，BAT 都发挥着至关重要的作用，有着不可撼动的地位。随着科技的发展，虚拟化进程慢慢转向企业，产业互联网应运而生，它的开启标志着医疗、工业、教育、生物等各行各业都将逐渐互联网化。

（一）消费互联网行业格局逐步稳定

消费互联网以满足各行各业消费者在互联网中的消费需求为目标，这种互联网主要以"眼球经济"为核心形成产业链条，通俗来讲就是通过输出优质内容和有效信息吸引消费者浏览网页形成购买行为。消费互联网具备两种独特属性：一个是媒体属性，主要是通过门户网站、短视频等自媒体以及微信等社交媒体提供各类资讯；另一个是产业属性，由电子商务等构成，以为消费者提供各种生活服务为主。这两种属性的融合与应用推动了消费互联网在各个领域的发展，改变了人们的工作和生活方式。

移动终端的丰富和发展、信息与数据处理能力的不断提高，使消费互联网发展势头迅猛，具体表现在消费互联网注册公司数量的增多，并逐渐在电子商务、自媒体、社交媒体、搜索引擎等领域形成相应的生态圈，呈现出规模化发展趋势，为行业的稳定发展奠定了基础。从竞争格局视角分析，市场格局已经趋向平衡状态，各类细分领域经过了洗牌，行业集中度整体较高，巨头企业以其雄厚的资本和先发优势占据着相关行业的领先地位，新进入者可发展的空间越来越小。

（二）产业互联网正在兴起

相较于媒体互联网，产业互联网是一种具备更高价值的产业形态。它以企业为中心，通过高新互联网技术在传统产业链上的有机应用和融合，以最新、最适合行业发展的管理和服务模式提供最优的消费体验。产业互联网并不是简单的系统工程，它不仅存在于产品前期研发、生产和交易的整个上市过程，也贯穿着企业生产经营行为的整个产品存在周期。通过重建产业内部研发、生产、交易、融资结构，利用网络的大数据分析、资源共享、信息敏感性及移动的应用，产业互联网实现了不同产业的有效融合，促进了整个产业生态链的协同发展，促使着整个企业、生态链关系和生命周期都向互联网化转变，这也就代表企业的生产和组织方式、经营模式和产业边界等都将进行重大革新。

产业互联网的快速兴起和发展，得益于两大动力的推动。

（1）第一是业务推动力，主要指消费者的消费体验，消费者是产业势能的最高点。消费互联网时代已经将消费者的习惯进行了颠覆，网络消费和网络交流已经深入人心，并逐渐向纵深发展，个性化定制、个性化体验及产品服务化等成为消费者下一步的需求，这必然推动着互联网从简单的购物向多行业纵深推进、向企业价值链的后端挺进，使传统行业和传统企业更多的互联网化，如图 3-2-1 所示。

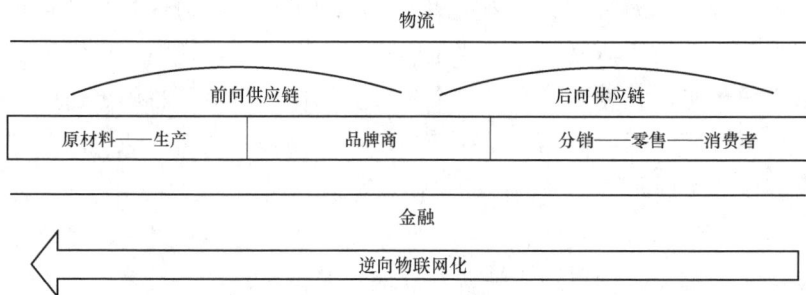

图 3-2-1　传统企业的逆向互联网化

（2）第二是互联网技术的有力驱动。消费互联网时代所带来的影响更多体现在消费者的行为习惯上，但随着移动终端的丰富，智能终端设备新产品的快速兴起，云计算的发展和大数据处理能力的提高，互联网已经对企业的经营管理方式和服务模式等产生了重大影响，互联网正式转向产业时代。IT新技术在此次变革中发挥着至关重要的作用，新技术所具备的低成本、数据分析的高效性等特点推动着产业互联网时代的加速到来。

（三）产业互联网与消费互联网的区别

目前，社会各界对产业互联网这一概念尚未达成共识，产业互联网与消费互联网在用户主体、商业模式、影响深度等方面有一定的差异性。

一是在用户主体方面。消费互联网关注点更多的集中在消费过程的体验上，以个人用户为主要对象；而产业互联网将企业作为主要服务对象，网络技术贯穿了生产、交易、融资、流通等整个生命周期，在提高效率的同时达到了优化管理的目的。

二是商业模式不同。消费互联网的精髓是"眼球经济"①，只有获得大众的关注才能生存；产业互联网将关注点集中在"价值经济"上，利用"互联网+"思维，通过互联网技术为传统行业赋能，为用户提供最佳的消费体验，力求创造出高价值化的产业形态。

从影响深度的角度来说，消费互联网主要从用户端、消费行为角度对交易过程产生影响；产业互联网则是从企业端和生产角度对产品的整个产业链进行全面的重建，促使各个环节逐渐趋于互联网化。

由此可以看出，互联网正在从改变消费者个体行为的"消费互联网时代"向改变实体商业环境的"产业互联网时代"转变。两者过渡期间将为各行各业带来巨大商机，也必将加速产品革新速度，促使企业商业模式发生变化，产业互联网化是一个值得去拼搏创新的领域。

（四）产业互联网对传统企业的颠覆与重塑

产业互联网浪潮为中国企业经济的改革提供了很大的发展空间。对不少传统行业来说，中国算是不折不扣的后来者，在创新、生产、服务、环境等方面面临着巨大的挑战。而产业互联网打破了过去信息的不对称性，提高了信息链的透明度，降低了供应链管理和交易成本，促使了企业分工专业化，提高了生产效率，这些优势使其有助于促进企业创新和企业经济转型升级。退一步讲，企业要想真正走向互联网时代，就必须正确认识产业互联网的特点，理解并掌握产业互联网是通过哪些手段对传统产业链的重建产生的作用。

总而言之，产业互联网将全面重构企业运作的每个关键点和产品整条产业链流程，其也必将促使公司战略和管理模式发生转变。

---

① 现代管理词典编委会. 现代管理词典［M］. 3 版. 武汉：武汉大学出版社，2012.

1. 产业互联网对营销的重塑

传统的市场营销有三宝：砸广告、价格战和金字塔形渠道。但在互联网的冲击下，旧有的"营销三宝"正在逐步失效，互联网环境下市场营销出现了几大新的特点。

（1）渠道扁平化：互联网的发展及其独有的便利性，使消费者更倾向于网上购物。因此，未来所有的销售渠道将日趋扁平化，产品将从厂家直抵消费者。

（2）数据营销：通过对用户行为、需求和行情等海量数据的多元化分析，企业可以实现精准市场定位、优化营销决策、改进产品策略。

（3）传媒变迁：80后、90后已不再专注于电视、报纸和杂志等无法交互的媒介，如何让广告被这一消费主力群体接收变成了问题，如何通过社区化的口碑进行传播成为营销的一大新课题。

（4）娱乐营销：随着科技不断的发展，未来商品必然趋于同质化，让消费者记住你并成为你的铁杆粉丝决定了娱乐化将成为商品营销的必然选择。

（5）定制至上：互联网时代下，交互技术的革新使市场向"产销合一"方向转变，用户可以全程参与商品的生产过程，根据用户需求进行个性化定制。红领集团、尚品宅配的快速发展就是定制至上理念现实化的最好实例。

2. 产业互联网对产品研发的重塑

传统的研发工作主要由企业内部的研发团队负责，虽然也会对产品进行市场调研，但样品数量少，样品分布存在一定的局限性，用户端参与度很低，整个研发过程消耗了大量的时间和经济成本但最终结果却不尽如人意。

而在产业互联网时代，消费者与企业研发端可以通过网络进行双向交流，消费者可以提出具体的产品诉求，研发人员也可以更精准地定位客户需求并快速做出反馈，甚至消费者也可以直接参与到产品的开发过程中。

以小米公司为例，从研发端的功能设计到销售端的包装设计，小米通过网络平台与用户建立关联，吸引用户参与讨论，根据用户的反馈不断进行改进升级，最终形成有效的全流程开发方案。这不单单为小米公司培养了大批忠实，也积累了庞大的用户需求信息，这种让消费者直接参与到产品的整体研发过程中的方式为小米手机的畅销奠定了庞大的用户基础。

3. 产业互联网对产品生产的重塑

早期的定制化生产主要通过作坊式的生产规模进行，生产规模小。工业革命的爆发使生产模式向大规模标准化转变。随着用户个性化需求的增加，生产模式也将从标准化向定制方向变革，且呈现出螺旋增长的趋势。

在工业 4.0 概念下，通过互联网云计算技术对大数据进行精准分析，企业能快速掌握客户需求，通过物联网等技术可以实现产品与设备联网，利用软件对整个生产过程进行实时监控，便于企业进行大规模定制化生产，同时实现了对生产要素和生产流程的动态化、智能化管理。以海尔集团为例，其个性定制服务是通过将用户对材质、容量、功能等方面的需求直接反馈给生产系统，践行"你设计，我制造"的理念，F2C（Factory to Customer）的生产模式得以实现，颠覆了中国国内传统的企业制造模式。

4. 产业互联网对产品交易过程的重塑

过去企业间进行交易采用的是一对一线下交易的方式进行，这种交易方式消耗了买卖双方大量的时间与经济成本。互联网的介入，实现了线上交易，同时推动了线上线下一体化，形成了 B2B、O2O 的融合式全渠道交易模式。B2B 电子商务的出现克服了购销双方长期受困于市场的信息不对称的不利因素，加速了信息的交流和推广，减少了双方大量的时间成本和经济投入，许多行业都对这种交易模式产生了浓厚的兴趣并付诸实践。以化工和钢铁领域为例，中国化工网和上海钢联利用垂直电商平台的构建，聚焦于专属本领域的信息，实现了行业内的市场细分与专注，打造了专注于领域内容的 B2B 交易平台。未来，支付方式和安全认证体系的不断更新完善，将持续推进大规模线上交易活动的普及。

5. 产业互联网对物流的重塑

产业互联网注重消费者个性化的定制服务体验，相应的物流必须满足这种少量、多批、高频的消费方式，并能对物流过程中反馈的信息、管理、分析和调度问题进行及时调整和处理，这种智能化的物流体系更能适应产业互联网的发展需求。

随着互联网技术的不断发展，未来将最终实现整个过程线上线下的一体化，这就要求企业必须在开拓线上交易平台的同时最大程度地发挥线下资源优势。

6. 产业互联网对资金流的重塑

资金流可以分为两部分：一部分是与交易密切相关的支付资金流，与之相关的是近几年第三方支付的迅速发展；另一部分是支持生产与交易的信贷资金流，最显著的是互联网金融。互联网金融的出现，颠覆了企业传统的融资方式。

我国大部分中小企业因得不到有效的金融服务而发展受限，究其原因是金融资源结构的失衡，约 80%的金融资源被 20%的大企业客户占据着，金融行业长期受到这种体制因素限制。随着传统企业越来越多地"触网"，不论是企业自身的信息系统还是互联网的第三方交易平台，都保存着大量的客户资料和交易数据。真实、透明、完整的交易数据能够反映企业真实的财务状况，因此也有了作为银行授信依据的价值。随着积累数据量的增加，这些信息平台也开始逐渐采用与银行合作或成立金融机构的方式，开启专门的资金通道以交易数据为依据向企业提供融资服务。

二、传统企业的互联网焦虑症

原万科董事会主席王石：下一个倒台的就是万科[①]！

王石在 2014 年亚布力论坛上曾表示，现阶段国家和企业都在转型，万科仍受困于如何在下一个 10 年实现企业转型，经过 8 个月的研究仍然没弄明白，到年底是否可以得出结果也还不清楚，所以很担心万科就是下一个要倒台的企业。

海尔首席执行官张瑞敏：自杀重生、他杀淘汰[②]！

"互联网＋"企业的转型，意味着企业的开放。如果不转型、不改变，可能现在看不到失败，但是整个企业会失败，会像柯达那样一下子栽倒。曾经是中国制造业代表的海尔近年来放缓了前进的脚步，企业遇到了来自互联网和传统企业的多重伏击，这让一直战战兢兢、如履薄冰的张瑞敏不由得发出了"自杀重生、他杀淘汰"的感慨。

TCL 董事长李东生：这是一次不得不进行的自我革命[③]。

李东生曾经表示：不能眼睁睁看着"后辈"们一个个冲到前面，必须要用互联网精神和互联网思维来改造自己、武装自己，否则就会落后，而落后就会挨打。他以车载导航为例对其观点进行了进一步阐述：数年之前使用车

---

① 网易新闻. 王石：我担心下一个倒台的就是万科［EB/OL］.（2014-08-25）［2023-03-02］. https://sh.house. 163.com/14/0825/14/A4GIF5IG00073SDJ.html.

② 搜狐网. 自杀重生，他杀灭亡——关于企业自我革新的思考［EB/OL］.（2020-06-11）［2023-03-02］. https://www.sohu.com/a/401179385_741980.

③ 今日头条. 要么转型，要么死亡［EB/OL］.（2015-04-08）［2023-03-02］. https://www.toutiao.com/article/4190925367/.

载导航需要进行付费，如今已经免费且全面普及，这就表示车载导航已经没有了市场，也不会再有人为其付费。另外，传统的线下连锁企业转向网络电商平台，其线下门店和原来的渠道优势很有可能成为企业转型的阻碍。而对于很多企业高管来说，曾经取得的成绩只能证明他们曾用正确的方法做对了相关的事，但并不代表曾经的方法依旧能够使他们在未来的工作中获得成功。所以，互联网转型是一次真正意义上的易地重建的过程，有存量的组织和个人会有沉重的负担，转身转型都不易。

泰康人寿保险董事长陈东升：必须自己革自己的命[1]。

陈东升曾以为互联网对任何一个行业的改造，实质上都是一个"温水煮青蛙"的过程。基于多年从事保险行业所得到的经验，他认为互联网最内核的内容就是对销售环节和成本的精减，但对保险行业来说，销售是最复杂的。

在互联网对各行各业的影响下，很多人想进入互联网行业，但却无法找到具体的方向；明明感觉危机正在逼近但却不知道对手是谁。360公司董事长周鸿祎对这一情况表达了自己的见解：大家对互联网的焦虑主要是因为企业并没有正确理解互联网的定义，不知道互联网对企业的意义在哪里，更不知道应该如何发挥互联网的优势助力企业转型升级。

对于互联网的焦虑，传统企业必须思考以下问题：如何借助互联网的优势助力转型升级；如何在转型升级的同时为自己留出后路。由此，产业转型变成热门话题，尤其是"互联网+"战略提出后，各企业共创"万众创新、万企转型"的盛举，但转型之路困难重重。这是因为大部分企业不知道互联网发展的核心力量是什么？转型是转什么？企业转型的路径在哪里？对信息化建设者来说，除了要掌握以上问题的答案之外，还要明白转型对信息化的影响，以及未来信息化建设将如何支撑企业完成转型。

三、"互联网+"时代的四大特征

（一）"互联网+"时代的第一大特征：用户主权

在过去几十年的商业发展历程中，关于商业主导权有不同的说法，最早是"产品为王"，而后是"渠道为王"，在互联网时代变成了"用户为王"。这

---

① 新浪财经. 陈东升：你不自己革自己的命，别人要革你的命 [EB/OL]. （2014-04-25）[2023-03-02]. http://finance.sina.com.cn/money/insurance/bxfw/20140425/161018926144.shtml.

一过程可以用图 3-2-2 表示。

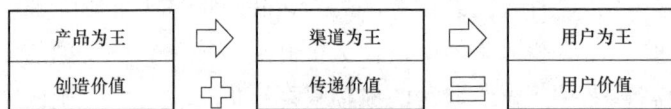

图 3-2-2　商业主导权的变迁

在物资缺乏的年代，好的产品一定是最有价值的，如福特的 T 型汽车，绝对的标准化、流水线、大规模生产，但在汽车缺乏的年代，消费者是没有选择的，在那样的年代，企业拥有绝对的控制权，企业生产什么消费者就只能买什么。

随着产品的日益丰富，市场的竞争与日俱增，产品生产厂家不再为王，而与消费者直接关联的渠道地位急剧上升，得渠道者得天下，渠道真正占据了价值链的主导地位。

时代在变化，互联网对传统企业最大的冲击就是渠道模式，互联网天生的联接功能逐渐消除了信息的不对称性，这使厂商得以直接面对最终消费者，渠道变得异常扁平，传统的"渠道为王"观念将逐步成为历史。互联网时代是一个消费者主载的时代，互联网打破了信息在时间和空间层面的不对称性，用户的转移成本非常低，谁能长久吸引消费者的眼球谁就能赢得主导权。

当然，这并不是说在互联网时代产品变得无足轻重，恰恰相反，互联网时代，产品依然重要，但这里的产品是广义的概念，是真正能满足消费者需求的极致的产品。极致就是把产品和服务做到最好，超越用户预期。如果你的产品做得很好，但是没有超越用户的想象，那么也不算做到极致。只有把用户体验做到极致，才能够真正赢得消费者，赢得人心。

小米集团创始人雷军说，做小米的时候，他真正学习的是这几家公司：同仁堂、海底捞、沃尔玛。第一点，要像同仁堂一样做产品，货真价实、有信仰；第二点，向海底捞学用户服务，做超预期的口碑；第三点，向沃尔玛这样的公司学运作效率，用最聪明的人简化流程。

因此，用一个公式来总结小米的成功经验就是：

小米=（同仁堂＋海底捞＋沃尔玛）×互联网思维

简单来说，小米成功的关键就是依靠内部高效的运作，再加上互联网时代的思维模式，创造出超越用户预期的产品和体验，最终获得消费者的青睐。

周鸿祎也特别强调，用户是互联网商业模式的基础。所有的互联网公司都是以免费的、体验好的产品来吸引用户的。一个有一千万人用的产品和一个有一亿人用的产品，它们的商业价值相差不是十倍，而是几百倍、上千倍。所以，互联网公司都会千方百计地做出好产品，吸引用户。

（二）"互联网+"时代的第二大特征：数据驱动

在信息时代，核心竞争力不只以企业资产来衡量，信息和数据的经营也是影响企业竞争力的关键因素，而数据分析能力是最核心的影响因素。其不仅能够为企业挖掘新的发展潜能，还能够为企业获取用户需求，为产品的创新开发、产品市场的规划和企业管理决策的制定提供最有效的数据支持，索尼前总裁出井伸之认为，新一代基于互联网DNA的企业的核心能力在于利用新模式和新技术贴近消费者、理解消费者需求、高效分析信息并作出预判，所有传统的产品公司都只能沦为这种新型公司的附庸，其衰落不是管理能扭转的。

以金融行业为例，互联网金融之所以能发展得这么好，其背后的创新动力之一正是大数据。这些年来，中小企业融资难、融资成本高一直是政府部门的老大难问题，并一直制约着我国国民经济的健康发展。我国中小企业融资难的成因是什么？归根结底还是信用体系问题。众所周知，中国传统的金融行业有着根深蒂固的抵押文化性质，在贷款的过程中严重依赖于抵押物。由于资产规模有限、信用体系缺失，中小企业很难得到大型银行的贷款服务。伴随着互联网金融的到来，借助大数据，互联网金融机构能够精准地判断中小微企业在业务范畴、经营现状、信用现状、目标用户群体、资金需求等方面的发展趋势，因此互联网金融机构能收集大量的交易信息并对数据进行精准分析，解决了由于小微企业财务制度的不健全，无法真正了解其真实经营状况的难题，从而从根本上解决了这个问题。可以说，没有大数据，互联网金融将难以为继。

（三）"互联网+"时代的第三大特征：跨界融合

1990年，当三次荣获美国财经新闻界最高荣誉杰洛德·罗布奖的畅销书作家布赖恩伯勒出版《门口的野蛮人》一书时，估计他从来没有想到这个短语会在20多年后如此风靡。这本书讲的是美国雷诺兹-纳贝斯克公司被收购的前因后果，该书试图全面展示企业管理者如何获得和掌握公司的股权。"门口的野蛮人"这六个字原本是用来形容不怀好意的收购者，但现在人们常把行业壁垒以外的人称为"门口的野蛮人"。

凯文·凯利说，不管你身处哪个行业，真正对你构成最大威胁的对手一定不是你现在行业内的对手，而是那些行业之外的你看不见的竞争对手。在现在这个时代，最勇猛的"野蛮人"正举着互联网的大旗杀来，行业壁垒已被打得粉碎，站在门口的那帮"野蛮人"貌似并不懂得门内所谓的专业规则，却对门内的市场垂涎三尺。

在这一趋势下，传统的广告业、教育业、零售业、酒店业、服务业和医疗卫生等，都可能会遭遇不明对手的"打劫"，那些转身慢的企业都将在劫难逃。所以有人说，如果你这个行业和互联网没什么关系，那么过不了多久，你就和这个行业没有什么关系了。

当然，"门口的野蛮人"冲进门内的同时，门内也并非毫无触动，它们也在提升自己。于是，融合诞生了，门内门外开始彼此影响。从企业的角度来说，有很多行业和企业被赋予"传统"的定义，但这些传统行业和企业正在利用互联网实现自身转型，并将互联网思维应用到企业的经营管理中。从技术角度来看，互联网与传统经济的融合也在大数据、云计算和移动互联网飞速发展下快速推进。

（四）"互联网+"时代的第四大特征：万物互联

第一代互联网是通过计算机连接起来的，第二代互联网通过手机连起来的，手机变成了每个人的"器官"，网络变得无比便捷。在下一代互联网中将爆发网聚万物的力量。

在"互联网+"时代，互联网和物联网二者的关系越来越密切，物联网作为互联网上一种典型的应用，将成为生产性的、经营性的、经济性互联网的重要组成部分，实现物与物连接的万物互联。这既对互联网提出了新要求，也为物联网带来了施展拳脚的新舞台。与此同时，云计算和大数据技术的发展，为万物互联的深入应用提供了良好的技术基础。未来会出现很多智能设备，而不仅仅是手机、平板电脑或者智能手表。厂商把种类繁多的设备接入互联网，产生大量的、多元的数据，再经过数据分析，通过云端将个性化的互联网服务提供给用户。

因此，在"互联网+"时代，入口之争已经不限于手机屏幕这个终端，而是延展到智能硬件领域，京东、小米等各大互联网公司，以及海尔、TCL 等传统电器制造企业都纷纷布局智能硬件领域，以图占领更多的入口。

万物互联使企业与用户之间的距离消除，距离消除就会使信息越来越对称，信息对称让用户的主导权得以彰显。连接不仅会给信息通信新业务的发展带来新机遇，也必将创造出新的商业模式，推动商业模式的改变，加速"商业新生代"的到来。

四、"互联网+"转型的三个层次

打败传统企业的不是电商，而是趋势。面对不可阻挡的大势，传统企业纷纷开始转型，但转型是一条艰险的路，要想成功，必须进行一场全面的、深刻的变革。

互联网虽然是一个伟大的技术改新，但不能把它简单地作为一种工具去使用，新技术的诞生会对商业模式、运营模式、服务模式、管理模式和运作模式等进行重构，在模式重构后，互联网进化为一种思维，其会以互联网的全联接和零距离的基本特征为起点，重构企业战略，具体如图 3-2-3 所示。

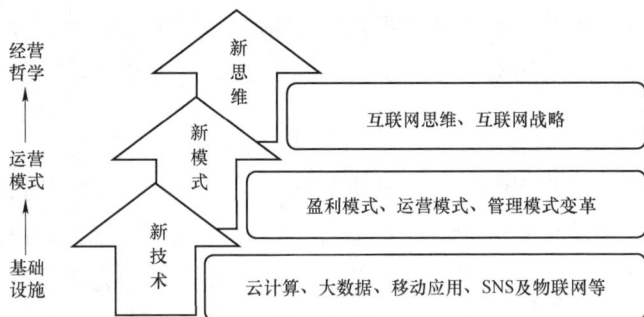

图 3-2-3　传统企业"互联网+"转型的三个层次

由图 3-2-3 可见，传统企业的"互联网+"转型是从上到下、由里至外的全面变革与重构，至少包含以下三个层面。

（一）思维与战略重构

（1）首先是思维模式改变。互联网要成为和电力一样的基础设施，必须在时间和空间领域进行突破，但互联网还具有更深层次的意义，其产生的变革和影响主要源于对思维方式的重建和革新，是一种崭新的思维模式。所以，对传统企业来说，必须率先完成思维模式的转变，因为思维模式对实现转型具有指导作用。传统企业需借助互联网时代的全连接、零距离等优势重建商业思维。对行业的领导者以及企业的管理者来说，转变思维模式是极其艰难的，但这别无选择。当新时代到来时，相比于是否转变思维模式，思维模式转变的速度更能决定企业的生存状况和质量。

（2）其次是战略重构。一个企业要想实现快速发展，必须具备清晰的战略目标、强大的资源整合能力、超强的创新能力、海纳百川的人才聚合能力。其中，战略是一个企业的灵魂。意欲转型的传统企业，必须进行一次战略轨道的切换，使自己的核心能力充分嵌入到客户行为或产业价值链的关键环节中，在新的价值交换过程中实现自身的价值。

（二）模式转型

传统企业在时间、空间和信息对称性方面都存在局限性，而互联网发挥了全连接和零距离优势，使主导权向用户方转移，这个趋势是无法逆转的。互联网时代下的运营结构重建，并不是单纯的提供一个网络在线客服和在线销售，而是针对市场需求的全流程重构，其核心体现在流程模式上，即将流程模式从企业内部管控转向外部用户服务。要实现这一点，应先从运营转型开始，然后过渡到商业模式的转型和组织结构的转型。转型可以分几步或是几步同时进行，由低到高，转型所创造的价值也会越来越大。

（三）信息系统升级

风光无限的商业创新背后是技术创新的默默奉献，商业和技术的双轮驱动才能成就"互联网+"转型的伟业，没有技术升级的"互联网+"转型注定是一次"死亡之旅"。无论什么样的企业，IT 基础设施都是支撑业务转型和数字化重构的基础，以互联网思维、借助先进 IT 技术和解决方案实现数字化重构，是每一个企业和行业赢得未来的必然选择。

总之，转型与创新是企业面向未来的必然之举，但不管什么样的创新，在互联网时代，业务目标的实现都离不开信息技术的支撑。而业务变革对传统的信息化建设思路和模式也将带来更大的冲击，提出了更高的要求，所以信息化建设要与时俱进。

五、"互联网+"转型的四重境界

说到互联网转型，很多企业都会讲，我们已经开通了微信公众号、企业号，开发了论坛，还到天猫、京东商城开通了电商门店，但是效果不佳，下一步到底该怎么走呢？应该说，传统企业的互联网转型是一段漫长的路程，开通微信和网店只是万里长征走完了第一步，后面的路更长，也更艰巨。

一般来说，传统企业互联网转型大致会经历四个阶段，具体如图3-2-4所示。

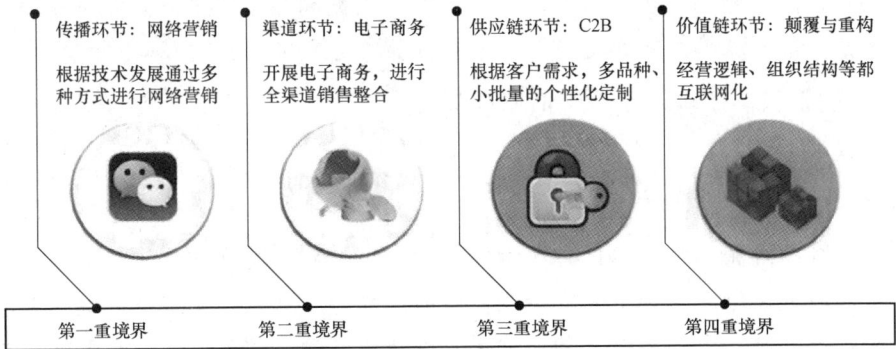

图 3-2-4　传统企业互联网转型的四重境界

（一）第一重境界：网络营销

互联网刚诞生的时候主要是借助门户网站、BBS 等网络产品提供信息，克服了信息的不对称性。所以，网络广告就是互联网在商业中的最早期应用。即便是现在，网络广告依然能够为互联网公司创造大量的利润，是重要的盈利模式。从门户网站发展到社会化媒体，从新浪网发展到新浪微博，再到 QQ、微信，不同的只是传播媒介类型与方式，营销功能的核心没有改变，也就是在合适的时间以恰当的传播方式将用户需求的信息通过合适的传播载体提供给信息需求者。

（二）第二重境界：电子商务

2003 年"非典"之后，淘宝、京东等第一批电商网站的兴起，标志着中国正式开启全面电商浪潮，2003 年对电子商务来说是实质意义上的元年。现在来看，比较成功的传统企业转型案例大多是处在电商这个层面的，但大部分企业还没有解决线上线下整合的问题，传统的运营模式和组织结构与电商的运营和组织基本还是"两张皮"，转型的阻力仍然很大。全渠道购物是电子商务未来的发展趋势，企业必须创建各种消费渠道供消费者选择，实现畅通无阻的购买需求。

（三）第三重境界：产品个性化定制

传播和渠道环节在互联网的影响下被重构之后，产品和供应链环节也逐渐被影响。以制造行业的小米公司为例，小米通过互联网与用户建立联系，让用户参与到产品的研发和设计环节，收集大量的用户反馈信息，反馈给企业，为公司决策提供参考性意见。同样，对于服务行业，消费者可以借助互联网将消费体验和建议反馈给服务提供方，为提高服务质量提供信息支持，如大众点评网就是消费者反馈用户体验给餐饮店的网络平台。

（四）第四境界：企业互联网化重构

传统企业要想真正实现互联网转型，就必须完成四方面的互联网化，也就是企业在度过传播互联网化、渠道互联网化、供应链互联网化之后，再经历整个经营逻辑的互联网化。对于传统企业来说，实现互联网化的最高境界是在互联网思维的引导下完成企业价值链的重建。互联网思维是一套完整的思维模式，是一个庞大而复杂的体系，不能将其简单理解为使产品联网，给产品赋予网络功能，通过互联网渠道完成产品销售。

可以说，互联网思维、互联网运营模式和组织结构是互联网转型的"道"之所在，面对互联网的冲击，传统企业若是"道"不变，只是将互联网嫁接到企业，建一个网站、开一个微信公众号作用并不大，因为梧桐树长不出玫瑰花。

第三节 "互联网+"企业信息化应用的"新常态"

信息化指的不单单是技术问题，而是一个包含诸多层面与环节的系统工程。如果拿交通进行对比，信息化的基本内容包括："修路"——指基础设施及公共信息平台建设，涉及信息化的硬件环境和网络环境建设；"造车"——指业务运营与管理类信息系统建设；"载货"——指信息资源建设，涉及结构化和非结构化信息资源的建设；"司机"——指信息化人才培养和培训，涉及高素质信息化人才培养和创新能力的培养；"交通规则"——指信息化政策、法规、制度、流程及标准化等治理机制。信息化建设就是要让合格的司机在交通规则允许的条件下，在现有道路和车辆情况下尽可能多地去载货。

未来几年，传统企业的互联网化将成为一股难以阻挡的滚滚洪流，信息化的"道路""车辆""货物"和"规则"等都将发生重大变化，这也必将带动信息化的转型升级。要想深刻理解这一变化，就要首先回顾一下信息化的发展历程。

一、企业信息化建设的三大发展阶段

有研究表明,信息技术发展 10～15 年为一个周期,信息化建设同样也有周期性。根据信息化建设内容、信息化范围及价值收益,可以将信息化应用的 30 多年划分成三个阶段,可以将它们简称为信息化 1.0 阶段、信息化 2.0 阶段和信息化 3.0 阶段,具体如图 3-3-1 所示。

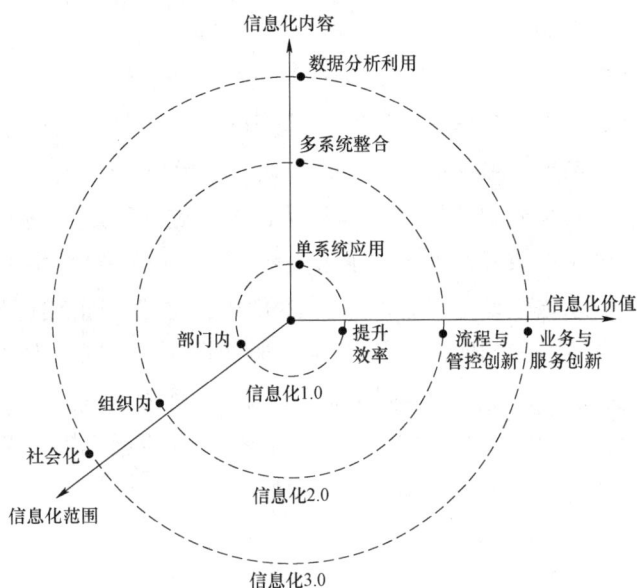

图 3-3-1 企业信息化发展的历程

据图 3-3-1 可知,信息化建设可以分为三个阶段,如同生产方式的演进一样,三个阶段之间也是一种递进的关系,下面就分别了解一下每个阶段的特点。

(一)信息化 1.0 阶段

本阶段处于 20 世纪 80 年代到 90 年代,其主要特点是单个部门的单系统应用。1981 年"会计电算化"概念由财政部正式推动提出,国内各企业纷纷响应并开始了企业信息化应用之路。此阶段的应用具备以下几个特征。

首先,在信息化内容方面,仅在财务电算化和档案数字化等个别领域开启了计算机应用之路。

其次,在信息化应用的范围方面,主要实现了部门内部的应用,并没有形成对不同部门之间的整合与集成。

最后，从价值体现角度，其应用的总体价值并不显著，主要是提高了工作效率，所以其在 IT 部门的总体地位并不高。

目前，很多大中型企业已经度过了信息化 1.0 阶段，仅有一小部分企业还维持在这一阶段。

（二）信息化 2.0 阶段

本阶段从 20 世纪 90 年代中后期开始，信息化进入快速发展的时期。这个阶段的应用特点如下。

第一，从信息化建设内容看，重点是企业级套装软件的开发，大部分企业引入了 ERP、CRM、PDM 等行业特性管理软件，并通过集成平台实现系统的整合与集成，实现了系统间的互联、互通、互操作。

第二，从信息化建设范围看，信息化首先跨过部门，实现了企业内部的整合，而后跨过企业边界，部分实现了供应链上合作伙伴之间的整合。

第三，从信息化建设角度看，企业 IT 部门的地位也随之提升，成为对流程与管控创新有重要影响的部门，IT 成为驱动企业发展的动力之一，主管企业技术的 IT 主管也成为企业高级别领导，CIO 群体逐步崛起。

目前，大部分大中型企业都处于这一阶段，"信息孤岛"问题是这一阶段企业面临的主要挑战，集成、整合是工作的重心和难点。

（三）信息化 3.0 阶段

随着电子商务的成熟，以及各种新兴技术的快速发展，以 BAT 等互联网公司为代表的部分企业迅速开展系统升级和转型，它们通过引入云计算、大数据等新兴信息技术，引领了企业信息化建设的潮流，并引领这一潮流迅速向传统企业扩散。该阶段有以下三大特点。

第一，从信息化内容角度看，建设的重点从前一阶段的系统建设和整合转向数据的分析和利用，信息化建设从信息技术阶段向数据技术阶段转变。

第二，从信息化建设范围看，从内部资源的集成到外部资源管理的扩张，企业通过建设一体化平台，构建内外融合的生态圈，使应用的边界模糊化。

第三，从信息化价值看，信息化地位再次提升，已成为战略创新的重要工具和手段。

目前处于该阶段的企业大部分是电商企业和互联网企业，仅有少部分传统企业信息化达到了这一水平，这也是大多数企业未来信息化建设的目标和方向。本书将重点分析企业信息化 3.0 阶段的主要特点，以及传统企业信息化如何向 3.0 转型升级。

二、企业信息化 3.0 阶段的五大"新常态"

"互联网＋"及许多 IT 新技术的兴起和发展撼动了传统信息化的根基，逐渐将信息化建设推向了一个全新的时代，即信息化 3.0 阶段。传统信息化建设的总体思路、模式、框架、技术和治理方式都被重新构建，这一阶段相较于信息化 1.0 阶段和信息化 2.0 阶段来说拥有不一致的"新常态"。这里所说的"新常态"并不是简单的概念，它不仅直接影响信息化发展方式和模式的转变，与各方面的再平衡问题也存在着不可忽视的内在联系。"新常态"的"新"主要体现在形势、技术、要求、重心、方法五方面。

（一）新形势："互联网＋"转型促进信息化转型

"互联网＋"的本质是一个双向融合的过程，这种融合让互联网不再是一个自成领域的行业，而成为每个行业的必要组成部分。在"互联网＋"战略之下，未来中国各个行业都将与互联网结合，这势必让各个行业获得一个挑战与机遇并存的机会。

大部分传统行业的商业模式会被颠覆，会被注入互联网的"基因"，并重新出现在市场上，这将是一个痛苦的蜕变过程。许多传统企业会因无法适应这个变化而被淘汰，迅速转型的企业则将获得新的生存与发展机会。

"互联网＋"时代，所有的业务都要与互联网建立联系，通过直接联系客户、联系合作伙伴而重塑业务战略，O2O、电商和 C2B 成为业务战略的热门关键词。以生产制造企业来说，企业原有的信息化建设更多地关注内部，现在要向互联网转型，信息化的视角要从内部转向外部、从支持大规模标准化制造转向支持个性化的单件制造，这对信息化体系的改造是颠覆性的。

（二）新技术："云大物移智"将大规模商用

目前，一场新 IT 技术浪潮正风起云涌，这场浪潮主要集中在云计算、大数据、物联网、移动互联网、智能控制技术领域。过去几年，这些技术在完成概念炒作的同时，也在互联网公司成功实践，为传统公司的规模化应用铺平了道路。在未来几年，新 IT 技术会快速进入传统企业，与应用创新技术进一步交错互动、螺旋式发展，解决传统企业的信息化建设难题，克服传统 IT

技术的封闭性、集中性，将赋予传统信息化更高的灵活性、友好性和智能化，推动传统信息化应用模式的重建，促进全新"IT世界观"的形成。

（三）新要求：信息安全提升到国家层面

过去，人们将网络系统的硬件、软件等基础设施的安全定义为网络安全，将系统中的数据与内容的安全定义为信息安全，但从2011年开始，世界各国纷纷制定了国家Cyberspace（赛博空间）战略，主要目的是争取和保持自身在信息化新阶段的国家安全的战略优势地位。赛博空间主要包括网络基础设施、数据与内容、控制域几方面，这也意味着它实现了对传输层、认知层和决策层的全覆盖，不仅如此，它还将范围由目前的互联网扩大至各种互联网、各类数据链，及其他能与其产生连接和管控的各类设备。Cyber Security（赛博安全）是与信息化相关的非传统安全的综合，涵盖了网络基础设施安全以及执行决策层面的安全等。

在这样的新形势下，我国高度重视信息空间的安全性，为提高网络安全和信息化战略，中央网络安全和信息化委员会于2014年2月27日成立，该委员会的核心职责和任务是充分发挥统一领导的作用，实现对各领域的网络安全和信息化等重大问题的维护和解决，制定实施国家网络安全和信息化发展战略、宏观规划和重大政策，不断增强安全保障能力。未来，企业面临的合规性要求会越来越多，尤其是来自政府、行业资质和自身战略三个层面的压力。对企业来说，信息的安全程度直接影响市场竞争力，所以企业必须加强对信息安全的管控，特别是对新技术的安全控制。

（四）新重心：数据成为信息化建设的核心

随着技术的发展和信息化水平的提高，政府和企业都积累了大量的业务数据，如果将信息系统比作企业的"血管"，那数据就可以比作企业的"血液"。随着技术和需求的变化，今天信息技术已经在向数据技术快速跨越。未来30年，因为数据经济，人类社会将会真正进入巨大的变革期。未来的世界，将不再由石油驱动，而是由数据驱动。这一变化也将引发生产模式的变迁，生意将是C2B而不是B2C，是用户改变企业，而不是企业向用户出售——因为用户将有大量的数据，制造商必须个性化，才能赢得用户。

数据量的不断丰富和数据信息处理技术的不断发展，将使数据分析取代系统实施成为未来信息化建设的新方向，数据必将占据未来信息化建设的核心地位。

（五）新方法：以企业架构理论驱动管理提升

信息化建设中涌现出的"孤岛""烟囱"等问题，不只是技术问题，其核心问题出现在管理上。只是在技术层面努力而忽略管理上的革新，将无法在未来几年内使企业脱离困境。要想彻底解决这个问题，就必须借助企业构架理论实现信息化管理和建设方式的转变。"企业构架理论"是一套全新的、科学的理论体系，其本质是信息化建设从局部规划和设计向全局规划和顶层设计转变，助力企业走向可持续发展道路。

这里说的"企业架构"，是对企业组织进行多角度描述的综合说法，其能够反映出企业在组织架构、流程和技术层面的总体设计和安排。企业架构能够实现企业业务战略的连接、业务的优化、高新技术的融合和信息化方案的设计，对实现业务战略与 IT 技术融合有着至关重要的作用。

将企业构架理论应用于实践中能够助力企业完成以下目标：第一，建立业务战略和 IT 之间的互动平台，形成一个崭新的信息化建设模式，保障企业战略目标的完成；第二，有助于未来信息化远景目标的制定和未来信息系统架构模型的建立，为企业制定科学、有效、合理的信息化规划提供参考性意见；第三，实现不同业务链之间的优化和整合，创新运营管理机制，减少和避免职能的重叠和盲区；第四，高效促进系统集成和整合，是解决"信息孤岛"问题的有力工具；第五，避免和降低信息化项目风险，增加投资收益，减少成本损耗；第六，强化对大型组织的信息化建设过程的管控，提高整体 IT 技术治理水平等。

综上，企业构架理论是确保信息化支撑业务发展，进行信息系统集成融合、资源共享的必经之路和核心步骤，是保障信息化建设高质量、高效率、低成本的关键举措和有效手段。

在过去的几年里，我国已有部分政府和企业逐渐开始对内部架构进行梳理和优化，TOGAF 与 FEA 等架构框架也逐渐得到了更多的关注和应用。相信之后的几年，会有更多的政府和企业引入企业架构体系，从组织战略高度上，实现信息化建设与战略目标的最佳匹配。

三、企业信息化转型的六个重点

未来几年时间，在多重要素的共同推动下，我国信息化建设将迎来发展阶段转型的关键期。在这一阶段，信息化建设的技术、理念、理论、模式及评价标准等都将发生重大变化，需要借助崭新的思维理念和方法去谋划。所以，为适应这种"新常态"，企业在未来的信息化应用中想要实现可持续发展和基业长青，就必须摒弃传统的发展模式，打破发展惯性和路径依赖，顺应时代发展趋势，不断挖掘发展新动力，革新发展模式。未来几年，传统信息化建设将在以下六个方面实现转型。

（一）信息化建设的侧重点从内部向外部转化

传统企业信息化建设的侧重点更多的是关注内部，例如，在很多生产制造企业中，PDM＋ERP＋MES 是信息化的核心，实现从设计到计划再到生产的集中管控是信息化的主要工作。在未来，企业的经营要向互联网延伸，要逐步将内部的业务流程和外部的商务活动与互联网直接联系起来，要去除价值链中的中间环节，直接与消费者、合作伙伴联系，要用信息化的手段再造企业和消费者的关系，要整合社会资源，构建和谐的生态圈，以有效提升企业整体的核心竞争力。

企业要完成这一升级和转型，首先在客户端要满足 O2O、电子商务和 C2B 的需求，围绕用户需求进行营销、客服、设计和生产计划等系统的改造；其次在供应端要满足 B2B 的需求，构建功能强大的平台，支撑生态圈的高效运作。在这样的背景下，PDM＋ERP＋MES 将不再是信息化建设的重点，而且它们也需要进行改造，从支撑大批量生产向个性化生产转换。

（二）信息化建设重点从应用向数据逐步转化

信息化 2.0 阶段，人们将关注重点集中在如何通过信息系统固化和优化业务流程来完成业务的网络化处理，而忽视了信息数据内容本身。导致这种现象产生的原因主要有三点：首先，意识不足，忽略了数据和信息资源的价值，造成了资源浪费，企业系统的核心是流程，关注的是产品自身功能；其次，工具和技术欠缺，不具备高效处理多类型、多格式数据的能力；最后，需求不足，信息化只是满足了业务操作和中层管理的需要，缺乏深入挖掘数据分析的需求和动力。

未来信息化建设的重点将随着基本信息系统建设的完成而发生变化，从以流程为中心转向以数据为中心。如何实现深入挖掘并精准分析企业内部、外部数据为企业决策层提供参考性意见并将信息化推向更高层面，是未来信息化建设的核心。

（三）IT 基础架构向云端转型

近年来，无论是云计算基础资源加紧布局，还是核心技术的创新和完善，乃至服务租赁意识的提升，都为云计算技术的广泛应用创造了良好的条件。未来几年，随着 PaaS 层和 SaaS 层的逐步成熟，越来越多的企业会将系统部署到云端，混合云将在较长一段时间内成为 IT 基础设施，如何处理好私有云和公有云的关系，是考验 IT 建设和运行的一个难题。

（四）IT 系统从 PC 端向移动端转化

移动应用或许是最容易走进传统企业的，移动应用对传统的 IT 架构并没有产生巨大的冲击，其成本也相对较小，但其对终端用户的价值却是最大的。因此，移动信息化在传统企业中将得到快速推进。信息系统的移动化迁移是不可逆转的，其也是未来几年信息化的核心工作。

（五）信息系统开发从瀑布式向敏捷转化

业务向互联网转型后，将面临更多的不确定性，需要不断试错来降低不确定性所带来的风险，这也要求信息系统开发从传统的瀑布式开发向敏捷式开发转化。瀑布模式是最早出现的软件开发模型，也是最典型的预见性方案，其规定了软件开发要严格遵循六个基本活动的固定次序，自上而下，逐级下落，这六个基本活动是指制定计划、需求分析、软件设计、程序编写、软件测试和运行维护，以每一个步骤输出的成果衡量开发进度，如需求规格、设计文档、测试计划和代码审阅等。但瀑布模型也存在一定的弊端，严格的分级降低了各环节之间的自由度，系统开发之初就作出承诺导致其无法根据用户需求的变化及时调整方案，风险大，代价高昂。而瀑布模型除了在需求不明的前提下无法进行，在项目进行过程中可能变化的情况下也无法进行，只能在项目生命周期的后期才能看到结果。敏捷式开发则不同，敏捷式开发能够在短时间内完成规模相对较小的功能建设，它侧重于尽快完成相对较小的可用功能的开发并交付使用，能够在整个生命周期中快速应对业务需求的变化。敏捷式开发突破了瀑布模型的弊端，主要目的是提高开发效率和响应能力，是一种全新的开发模式。

第四章　大数据推动企业信息化转型

本章主要介绍大数据推动企业信息化转型，论述了大数据推动企业信息化的数据化、大数据推动企业信息化的智能化、大数据推动企业信息化思维的进化、大数据推动供应链的柔性化、以大数据为核心的企业信息化建设以及大数据应用过程中的挑战。

第一节　大数据推动企业信息化的数据化

一、以数据驱动流程重组

随着商业活动的发展，企业内部和企业间的协作不再是单向的、线性的，而是需要全方位、实时的协同，以满足网络化、并发化的需求，就像互联网一样，企业内部和企业间的协作变得更加复杂、多样化和实时化。

如今的商业环境基本特征是企业主导地位逐渐丧失，员工和消费者等个体正在获得极大的主导权，这也是数据产生的主要来源。这一方面让企业面对的数据具有"自下而上，自外而内"的特性，挑战着企业固有的 1T 架构及背后的管理流程。另一方面，这些数据主要都是文本、视频、图片等非结构化，这从根本上改变了企业所拥有和需要运用的数据类型，而且这类非结构化数据并不一定附着于企业的流程之上。实际上，大多数情况下它们漂移于企业固有的商业流程之外，甚至是先于且不依赖于企业流程而存在，有很强的自主性，企业的商业流程则越来越必须对这类先期出现的数据作出响应。换句话说，如果仍然借用"流程重组"的概念，那么接下来"流程重组"的基本特点将是非结构化的数据驱动非结构化的流程。

更通俗地说，此前数据是商业决策的附庸，对于管理只起到辅助作用。

如企业内部的 BI 部门，就是通过数据分析帮助高管作决策，但这样的模式无法利用好如今的大数据。如今，全方位的实时数据直接推动商业决策，企业必须改变自己的流程来适应流动的、非结构化的数据。

二、以供应链为主线的数据分享/交换

数据的挖掘只是其价值的一方面，更大的价值在于数据的交换/分享所创造的价值。这是因为，一方面，数据与物质不同，它具有很强的复用性，而且大多数情况下，数据被分享得越多，价值越大。另一方面，既然知识必然地分布于不同的个人和组织之中，那么，唯有通过分享和交换机制让大数据流动到有相关知识的个人或组织那里，才能够挖掘出它的价值，由特定的分享/交换机制所连接起来的企业（B2B）及企业与消费者之间（B2C）的协作，才能让大数据在流动中发挥更大价值。

通过数据的分享/交换，完成供应链的协同管理与规划，减少供应链的"牛鞭效应"，从而促进供应链的各个环节流畅运行，目前已有不少成功的企业数据分享案例。例如，沃尔玛拥有每小时超过 100 万顾客的交易量，它能够收集到大量的销售及库存数据，所有数据都进入综合技术平台进行处理，沃尔玛公司正是基于这一庞大的数据库进行数以万计的营销策划与分析。那么，是谁在应用这些数据呢？答案是沃尔玛供应链上的任意组织都可以对数据进行应用。沃尔玛的分析数据已经覆盖 80 个国家和地区，拥有超过 17 400 家的供应商，它们的产品信息也已经被沃尔玛的零售链平台收集，这样它们能够及时跟踪商场的情况，更好地满足客户的需求，而无需只依赖沃尔玛的订单。数据在不同企业之间分享/交换，提高了数据透明度，在不同企业之间实现了合作，随着企业越来越走向开放化，原本被企业各自 IT 系统锁定和凝固于企业内部的商业流程，将被释放到以供应链为主的实现大规模协作的商业平台上，企业之间的流程"防火墙"将被来自消费者的大数据的冲击，商业流程的大规模协作也将借助数据广泛地实现"快速融化—流动—组合—凝结—再融化"，而过去的 ERP 等管理软件的基本思路，则着眼于把企业外部的所谓最佳实践、最优流程以软件方式固化下来，并让企业费力地穿上这件大多数情况下都不合身的"衣服"。这固然在一定程度上提升了企业的管理效率，但其基本逻辑无异于向企业内部倾倒"混凝土"。时至今日，商业环境越来越复杂多变，这种对"结构化的最优流程"的追求，并不能让企业足够灵活地去满

足大数据时代的个性化需求。

第二节　大数据推动企业信息化的智能化

计算机的出现极大地推动了自动控制、人工智能和机器学习等新技术的发展，"机器人"研发也取得了突飞猛进的成果。应该说，随着信息化社会的发展，人类社会的自动化和智能化水平已经显著提升，但仍然存在着瓶颈，机器的"思维方式"仍然停留在线性、简单、物理的自然思维，智能水平也未能达到人们的期望。随着大数据时代的到来，智能技术得到了巨大的提升。

以射频识别（RF1D）为代表的传感器技术正在工业领域被广泛用于辨识和追踪商品，例如，在生产中与汽车相连的射频识别标签能够在流水线上追踪汽车；制药厂能够运用射频识别标签在仓库追踪产品。读取射频识别标签的优势在于无论附有标签的产品处于什么位置，它都能够被确认、识别和记录到。

PRADA 在纽约的旗舰店中，每件衣服上都配备了射频识别标签码，当一名顾客拿起一件 PRADA 走进试衣间时，射频识别标签会被自动识别，并将数据传送至 PRADA 总部，以便进行分析。比如，如果发现某件衣服销量很低，以往的做法是直接停产，但是射频识别标签传回的数据显示，即使销量低，也可以通过其他方式来改善服装质量，以提升品牌形象，并为消费者提供更适合的服装选择。但是如果你经常进入试衣间，这可能会揭示一些问题，甚至可能会改变这件衣服的命运。

使用射频识别标签，仓库可以成为智能化仓库，可以按需持续管理库存，自动发送补货订单。进货订单可以实现自动化，相同的标签可以实时追踪运输中的货品，这些数据可以为供应商和分销商所共享，实现协同作业。射频识别标签技术已经广泛存在于企业供应链中，以支持企业运作。

在制造领域，工厂的传感器在探知、诊断、控管、可视化等方面发挥着重要作用。嵌入式设备在生产过程中利用传感器实时集中监控所有的生产流程，可以预测设备异常故障、配件需求，发现能耗的异常或峰值情况。

借助智能工厂的传感器，可以收集数据并对其进行分析，从而极大地提高仓储、配送、销售的效率，降低成本，有效减少库存，优化供应链。此外，通过对销售数据、产品传感器数据和供应商数据库的分析，制造业企业还可以准确预测不同市场的商品需求，从而实现对库存和销售价格的实时监控，节省成本。

随着物联网、云计算、可视化技术的飞速发展，大数据系统可以自动搜索各种数据信息，并以"人脑"的方式进行主动、多维度、逻辑性的分析。"智能"是企业信息化的重要标志，在大数据时代尤为突出。

第三节　大数据推动企业信息化思维的进化

大数据时代的到来，不仅是技术的更新，它同时标志着处理信息方式的变化，思考问题的升级，思维深度的进化。大数据悄悄地改变了人们以往普遍追求的因果性的思维方式。

维克托·迈尔·舍恩伯格在他的著作《大数据时代》中指出，我们只需从大数据中知道"是什么"就够了，没必要知道"为什么"。

大数据思维是没有必要找到原因，不需要用科学的手段来证明这件事和那件事之间有一个必然、先后关联的因果规律。我们只需要知道，出现一种迹象的时候，根据一般情况，这个数据统计的高概率会显示什么样的结果，那么，再次发现这种迹象的时候，就可以去作一个决策。

任何事物都是逐渐耗损而不是顷刻瓦解的。以前的技术和分析还不够强大、精确，无法监测到微小的变化。如今，大数据技术不但能够收集和分析最不起眼的信息，且能够基于这些信息之间的逻辑关系预测将要发生的事情，作出科学决策。例如，谷歌通过跟踪搜索引擎中的搜索类型成功地识别了流感发生的地域位置和传播区域。

通过相关性分析，我们发现了它对预测的巨大价值，而其背后则是思维与分析方式的革新。相关性帮助我们从对过去的理解变更为对未来的预测，预测性分析在商业、经济及其他领域都有助于管理者作出更多的理性决定，而不仅仅是依靠直觉和经验去作判断。

对于发电厂来说，最重要的是根据用户用电的变化调整发电量，保证供需瞬时平衡，一旦不平衡，电网可能发生大面积瘫痪。过去电厂大都是煤电、水电，方便调控。而随着风电、光伏等不可控的新能源的加入，电厂这端也开始不断变化。IBM 公司开发了一种结合天气和电力预测的智能系统，这项名为 HyRef（混合可再生能源预测）的技术是一种混合可再生能源预测技术，它将天气建模、云成像和天空摄像头有机地结合在一起，以更加精准的方式追踪云的运动，同时通过风力涡轮机上的传感器，实时监测风速、温度和方向，极大地提升了系统的可用性，并优化了电网的性能。HyRef 利用当地的天气预报信息，精确评估每台风力涡轮机的性能，从而估算出它们可以产生的最大发电量。

IBM 公司的能源电力应用部门经理布兰德表示，利用大数据技术，他们可以准确预测风电和太阳能的电力产出。这种前所未有的创新，有助于解决可再生能源的短缺问题，为能源电力行业发展带来更多的可能性。

大数据的这种预测能力让我们的生产模式得到真正的升级，它也可以应用到其他领域而不仅是在实体产业，非制造业的服务产业对于大数据预测的需求更旺盛。

第四节　大数据推动供应链的柔性化

一、供应链

供应链是指从客户的客户到供应商的供应商，供应链管理是指对从供应商到客户之间的商业流程和关系及贯穿其中的产品流、信息流和资金流的集成管理，以给客户带来更具价值的产品、服务和信息，同时最小化供应链的成本。供应链管理通常涉及四个部分：采购（或供应）、制造、物流、营销。其中，信息流与产品流、资金流结伴而行，可以说是供应链的神经系统，它们支配产品流和资金流的运作。现代供应链管理很重要的一环，就是利用信息技术，通过有效的组织管理，实施供应链信息流，引导物流和资金流的运转，实现供应链的流程化和标准化，并且不断优化和改善供应链的整体架构，以更好地满足企业当前的业务需求。企业供应链管理体系中的信息化系统，是提供企业进行物流和信息流组织管理的工具和平台（见图 4-4-1）。

信息流来自信息流动，而信息则来自数据。因此，如何确保数据的完整性、精确性和及时性，并从中提炼出合适的信息，是管理者的一项重要任务。在当今企业信息量剧增的情况下，领先企业越来越认识到大数据技术在整个供应链上的必要性，大数据是企业获得竞争力的必要手段。

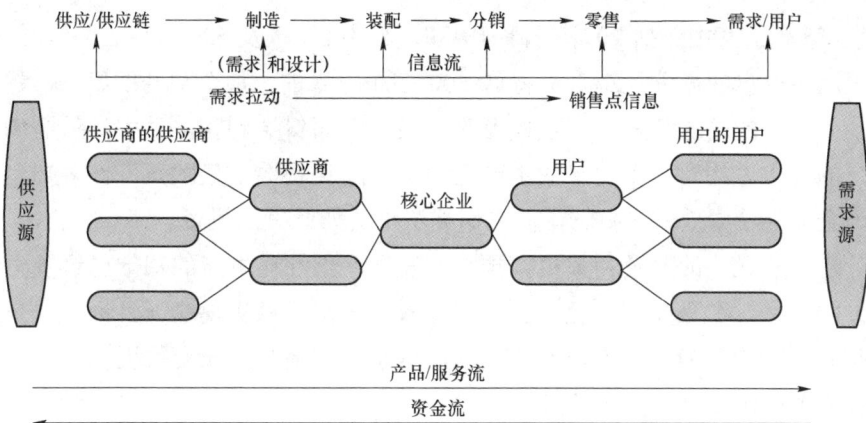

图 4-4-1　供应链模型

二、柔性化生产

随着互联网的普及，信息不对称的问题得到了有效解决，生产端和消费者之间的联系更加紧密，从而催生出一种新的商业模式——C2B，即消费者驱动的商业模式。这种商业模式要求生产制造系统具备更高的灵活性、个性化以及快速响应市场的能力，这与传统商业模式下的标准化、大规模、刚性缓慢的生产模式形成了鲜明的对比。

"柔性化"的核心特点在于，它的生产拥有极高的灵活性，能够迅速响应市场的变化，不仅可以生产多种规格的小批量产品，还可以满足大规模的订单，并且在补货方面也同样优秀，同时保证了产品质量和价格的稳定，并保证了及时的交付。企业采用柔性化生产可以有效地抓住市场机遇，也可以避免出现库存过剩的问题，从而使企业获得更多的经济效益。

尽管柔性化生产的潜力已经被充分发掘，但是过去三年来，仅有极少数企业拥有足够的洞察力和投入来实施这种操作。比如，丰田、沃尔玛、ZARA等知名企业，它们都拥有更强大的数据处理能力、更快速的 SCM，以及比竞争对手更高的收益。在当今这个充满变革的时代，想要实现柔性化的生产，就必须付出极高的代价，尤其是在 IT 方面，几亿美元的投入对于中小型企业来说几乎是不可能的。

戴尔和 ZARA 提供了 IT 时代柔性化生产的最佳典范。ZARA 为了实现快速协同，甚至挖掘了上百公里的地下隧道。ZARA 拥有 300 多平方米的西班牙生产基地，其中包括 20 家面料剪裁和印染中心，以及 500 家代工的终端厂。为了满足客户的需求，ZARA 将这 300 多平方米的土地全部开发出来，建立起一个高效的传送带网络，以便及时将最新的面料送到客户手中，从而满足客户的需求。构建一个完善的生产基地，将会耗费数十亿欧元，许多知名的服饰企业都希望效仿 ZARA，但它们无法承受如此大的投资。

随着互联网的普及和大数据技术的发展，柔性化生产的基础已经发生了巨大的变化。在互联网出现之前，大多数公司都难以实现这一目标，但是随着互联网的普及和大数据技术的发展，信息的传播和反应变得更加快速，消费者的个性化需求也得到了满足。

三、大数据的运用是柔性化生产关键

柔性生产的核心理念是让制造商从被动的角色转变为主动的角色，通过互联网和大数据技术，消费者能够更快地获取到有关产品的需求和信息，从而实现企业与消费者之间的有效沟通。通过利用大数据技术和思维，生产商可以有效地组织物料采购、生产制造和物流配送，从而实现从大批量、标准化的推动式生产到更加灵活的市场需求拉动式生产的转变，进而实现消费者与生产者的有机结合，提升企业的竞争力。

随着云计算技术的发展，柔性化生产的重要性日益凸显，它不仅为企业带来了巨大的价值，还为中小型企业提供了更多的发展机遇。随着网络购物和营销活动的日益普及，电子商务企业可以借助大数据技术，更加精确地进行市场调研和细分，确定目标客户群，并且能够更好地评估其发展前景。此外，电子商务企业也无须再依赖"猜"的方法，而是可以通过小规模的测试，如 A/B 测试、试销等，从销售数据中发现有价值的产品，并且按照生产和销售的周期采取多种措施，实施小规模的补货。当市场需求出现剧烈波动时，基于数据驱动的 C2B 柔性供应链能够提供更加灵活的应对方式，这一点至关重要。

柔性化生产最极致的做法是大规模个性化定制的出现。个性化是客户化市场的需要，批量化是企业生产效率和成本的选择，而大规模个性化定制就是要解决这一对长期存在的矛盾，解决个性化客户需要和低成本、高效率的集约化生产问题。大数据的出现使这一问题可以真正得到完美解决。比如，青岛的红领集团，用 11 年的时间打造出一个全数据驱动的服装工厂，实现顾客与厂家之间的连接以及服装的大规模个性化定制，使公司销售额连年倍增。公司负责人表示，公司要做到柔性化生产，同时也要利用信息技术把数字化手段用到极致，用大数据对客户进行分析和挖掘。

在新一代信息技术与工业化深度融合的发展主线下，柔性化生产对于中国企业的创新发展、提质增效都起到积极的促进作用，柔性化技术的革新与升级也势必会给中国企业带来全新的提升。

第五节　以大数据为核心的企业信息化建设

一、基础架构

随着大数据时代的到来，传统的企业信息系统已经不再适用，因为其需要更先进的技术来支持海量的数据存储和处理。列存储、内存数据库、NoSQL 存储等技术已经成为当前数据存储和处理的主流方法，这些技术可以帮助企业更好地管理和分析海量数据，并且可以提高企业的效率。云计算技术已成为大数据时代数据中心架构的核心，它可以支持高并发、低延迟的数据处理，使企业数据中心的基础架构实现快速的横向扩展，从而满足业务模式发展的需要。

大数据平台技术架构包含大数据处理平台、大数据分析应用模型、大数据可视化展现。

大数据处理平台将多源异构结构数据、半结构化数据、非结构化数据进行有效数据集成，将这些数据进行分布式 NoSQL 数据库存储；基于 Hadoop 分布式文件系统来实现面向非结构化数据的分布式存储服务，并提供大规模结构化数据分析引擎和非结构化计算框架。通过丰富的可视化分析提供大数据信息，灵活快速地响应企业产品设计、生产制造、营销服务、经营管理的各种变化，构建大数据智能分析与决策体系。

二、建设步骤

企业在实施信息化建设时，应该摒弃传统的系统驱动模式，将重点放在企业价值本身上，围绕企业供应链进行梳理和规划。

第一步，要建立一个科学、完善的数据收集体系，以便企业能够清楚地知晓哪些数据对其经营有益，使管理决策者能够更好地了解企业的现状，并基于此做出正确的决策。企业应当建立一套完善的数据收集机制，以确保数据的准确性、完整性和可靠性。

在进行数据采集时，应当综合考虑其价值和功能，以免出现大量数据浪费或者没有被及时采集的情况。例如，某国内大型重工设备企业开始物联网建设初期，在试点的 600 台设备上安装了传感器，所有传感器采集的信息通过网络远程传回总部数据中心，但在数据中心正式运营时发现，这些数据传回后不知道如何使用，数据在传回之前没有进行有效的数据挖掘，只是占用存储资源，反而造成了很大的经济负担。

第二步，要确保大数据处理的可靠性，必须从多种数据源中收集、处理和预处理数据，包括结构化、半结构化和非结构化数据，以便为后续流程提供统一的、高质量的数据集。企业应该积极寻求可靠的市场数据来源，以便更准确、及时地把握市场动态。这些数据可以来源于专业的市场调研机构，也可以来源于大数据供应商。此外，为了获取生产现场的实时数据，如设备状态数据、生产状况等，企业还应该建立一套完善的生产执行系统，利用RFID、设备接口等技术，及时准确地获取这些数据。

随着大数据的不断发展，它们的描述方式也变得多样化。因此，"清洗"的实施就显得尤为重要，它可以有效地消除相似、重复或不一致的数据，从而使数据的存储和应用更加有效。对于那些需要实时性的应用，比如状态监控，流处理模式是最佳选择，其可以直接将数据从原始数据源中提取出来，而大多数其他应用则需要将数据存储起来，以便进行更深入的数据分析。为了提升数据的可靠性，减少存储成本，分布式架构是一种比较理想的选择。

第三步，建立一个完善的、高效的数据处理系统，以满足企业的实际需求。数据分析是实现大数据的关键步骤，因此，必须建立一个完善的、能够满足企业实际运作的数据分析模型，其中包括计算机架构、查询、索引以及数据分析和处理等。Hadoop 是一种专门来处理大规模分布式数据的架构，它可以帮助用户更加有效率地使用计算资源，并且可以有效地处理海量的数据，它已经成为企业管理大数据的重要工具。

在计算架构方面，Map Reduce 是当前广泛采用的一种编程模型，用于大规模数据集的并行运算。用户通过调度控制台提交作业任务，任务调度控制台分配各种任务执行的顺序，并通过用户网关层的 Hadoop 客户端返回其任务执行结果。

在查询与索引方面，由于大数据中包含了大量的非结构化或半结构化数据，传统关系型数据库的查询和索引技术受到限制，NoSQL 数据库可以解决大规模数据集和多重数据种类带来的挑战。

数据分析与处理技术是一个复杂的领域，其中包括语义分析和数据挖掘等。Mahout 算法库是一个非常有用的工具，它可以提供一些可扩展的机器学习算法，帮助开发人员快速创建智能应用程序，提高工作效率和工作质量。

第四步，要实现实时的数据处理和价值展现，数据在能及时获取的情况下才是最有价值的。随着制造业市场竞争的加剧，管理者需要实时地掌握企业的现状，这就需要做好几方面的工作：一是要实现实时的数据通路，无论是底层的设备数据，还是财务数据，都要能实时被搜索和传输；二是通过可视化和人机交互技术更好地支持用户对数据分析结果的使用；三是要实现移动客户端的数据查看，管理者可以不受地域、时间的约束。

大数据是伴随着数据采集、存储、分析技术的突破出现的，这些技术的突破给企业掌握全面的数据提供了可能，可以预见，数据的掌控能力会成为企业竞争力的一个重要因素。对于国内企业来讲，利用大数据的思维重新规划企业的信息化建设势必会为企业的发展提供新的动力。

第六节　大数据应用过程中的挑战

一、思维变革的挑战：一切用数据说话

在大数据时代，生产模式已经发生了深刻变革。企业未来的生产模式将是多品种和个性化的 C2B 定制、产业链整合、流程驱动与数据驱动及贯穿生产全流程的人机互动，在这种生产模式下，数据是内在的核心推动力。

大数据在决策中扮演着至关重要的角色，它不仅可以帮助组织更好地理解和掌握信息，还可以帮助组织更有效地制定决策。

大数据开发的根本目的是以数据分析为基础，帮助人们作出更明智的决策。《哈佛商业评论》称，大数据本质上是"一场管理思维的革命"。大数据时代的决策不能仅凭经验，而真正要"一切用数据说话"。因此，大数据能够

真正发挥作用，从深层次看是需要变革人们的思维方式，这或许是实现大数据在企业应用要面临的第一个挑战。

二、技术的挑战：大数据处理、分析与应用技术

大数据技术是由互联网企业业务驱动产生的技术。互联网巨头天然具有使用大数据的技术支撑能力，这些能力背后的各种大数据人才也是互联网企业所独有的，大多数传统企业则没有这样的技术支撑能力。工业信息化系统产生的大数据，必须先经过整理和分析，让其变成"信息"，然后深加工为"情报"。在这个通过大数据获取价值的转化过程中，企业需要新的技术（如存储、计算和分析软件）和技能（新的分析类型）。目前，我国企业正在迈向工业2.0时代，信息化和智能化水平不断提升，大数据技术也在不断整合到企业系统中，以满足企业的需求。然而，对于那些处于工业3.0时代的企业来说，旧系统和不兼容的标准和格式，仍然会对大数据分析工具的应用造成一定的阻碍。因此，让企业和技术人员能够充分利用大数据开发与分析技术，从而获得最大的收益，是一项极具挑战性的任务。

三、商业模式的挑战：合作共赢的企业大数据产业链

随着云计算、大数据技术和相关商业环境的不断成熟，越来越多的"软件开发者"正在利用跨行业的大数据平台，打造具有创新价值的大数据应用，而且这一门槛正在不断降低。首先，数据拥有者能够以微乎其微的成本获取额外的收入，提高利润；其次，大数据设备厂商需要应用来吸引消费者购买设备，发展合作共赢的伙伴关系势必比单纯销售设备要有利润，一些具有远见的厂商已经开始通过提供资金、技术支持、入股等方式来扶持这些"软件开发者"；最后，行业细分市场的数据分析应用需求在不断加大，对于整个大数据产业链来说，创新型的行业数据应用开发者必将是未来整个大数据产业链中最为活跃的组成部分。

四、基础设施的挑战：容量更大、服务质量更可靠的工业宽带

信息物理系统或工业互联网的实现，是建立在连续采样的数据基础上的，

而大数据的传输、交互和共享，必然要求建立容量、带宽、存储与数据处理能力更为强大的基础设施，以及极高的通信智能和管理智能。现有的网络基础设施肯定难以满足工业 4.0 或工业互联网时代的要求。随着科技的进步，拥有更高的容量、更高的服务质量的工业宽带基础设施已经成为大数据发展的关键支撑。因此，政府应该采取积极的措施，以鼓励企业投入更多的资金来支持这一行业的发展。工业宽带基础设施的优点在于它结构简单、安全可靠、成本低廉，这些特性使它成为了智能工厂、智能电网、智能交通等行业或产业的理想选择。

五、信息安全的挑战：数据开发共享与安全保护

由于企业大数据是数字化的和横跨企业边界甚至是跨越国界的（如跨国公司不同国家工厂的数据），因此，安全、开放、共享等一些问题必须得到有效解决。随着大数据越来越受到重视，生产设施和数据中的商业秘密和专利技术也必须同样受到保护。随着工业互联网的发展，工业 IT 系统的安全已经不仅仅局限于生产操作，也涉及与之相关的通信网络。因此，为了确保制造企业的生产系统安全、数据安全，以及提高系统的稳定性、完整性和有效性，必须研究并制定适当的工业 IT 系统安全策略、架构和标准。

大数据技术的发展，带来的经济价值在不断增加，但同时也引发了一系列的法律挑战。为了解决这些挑战，政府应该采取一系列的措施，包括：消除数据获取的障碍，建立可供双方交换的数据市场，加强对企业大数据的 IP 的保护，实行数据安全的双重管理，设置激励性的奖励机制，构建有利于创新的 IP 体系，并且将政府部门的大数据公开，以此来推动制造业的大数据共享、整合和价值创造。

六、人才和管理的挑战：企业的组织变革和人才培养

大数据相关人才的欠缺将会成为影响大数据发展的一个重要因素，中国虽然是人口大国，但能理解与应用大数据的创新人才依然稀缺。大数据的相关职位需要的是复合型人才，能够综合掌握数学、统计学、数据分析、机器学习和自然语言处理等多方面知识。未来，随着科技的发展，大数据技术的需求量将急剧增加，而相关的高端人才也将迅速成长。他们不仅要掌握大数

据的基本技能，还要具备规划、分析、架构、应用等多方面的能力，以满足不断变化的市场需求。我们必须加强社会、大学和企业的协作。大学应该与学生一起培训，组建一支专业的数据分析师团队，或者与专业的数据处理公司合作，来满足市场对人才的需求。

让企业领导认识到大数据蕴含的价值及如何释放这一价值，是一个富有挑战的过程。企业不但需要拥有具备挖掘大数据价值的技术人员，同时，需要构建适当的工作流程和激励措施来优化大数据的使用，这才有可能通过大数据来优化企业管理，创新服务和商业模式。随着企业中不同部门数据的集成和交互共享，"信息孤岛"现象已经不复存在。因此，政府应该采取有效措施，加强对企业管理者的大数据分析技术培训，鼓励企业培养大数据相关人才，以推动企业的组织体系变革。

第五章 "互联网+"时代企业信息化的应用

本章主要介绍"互联网+"时代企业信息化的应用，主要内容包括电子商务、企业局域网络的建设、企业自动化协同办公的建设以及企业信息化应用培训。

第一节 电子商务

一、电子商务概述

（一）电子商务基础

随着计算机技术和网络通信技术的出现和发展，企业领导层和工程师们将这些新兴的电子技术融入企业的商务活动之中，电子商务应运而生。对这一新兴的经济模式和互联网技术热点，世界各国的技术人员、研究人员和经贸人员依据自己的观察角度和所处的地位、参与程度，给出的定义各不相同，但是其评述主体都是统一的，即其关键点是依靠现代各类先进的电子设备和互联网络技术，对商业活动进行革新和再造。需要特别指出的是，我们要明确分辨出电子商务并不是将商务活动电子化。

"电子商务"一词源自 Electronic Business，寓意自 20 世纪中叶以来，西方企业率先通过一些电子手段进行的商业事务活动。因为企业家们发现通过使用各类电子工具，公司各部门间、供应商、客户和合作伙伴之间可以用电子技术手段完成业务、共享信息，实现企业间业务流程的电子化。通过配合企业内部的电子化生产管理系统，可以提高企业的生产、库存、流通和资金等各个环节的效率。

进入 21 世纪后，随着互联网技术与企业经营行为的高速融合与发展，电子商务不再只是局限于简单的网上购物，还包含了品质保证、物流管理、售后服务等内容。所以，电子商务的经营过程应该包括电子货币应用、第三方支付平台建设、供应链生成、网上交易市场建设、网络模式营销、在线交流、在线服务、电子数据交换（EDI）、进货管理和数据自动汇理与处理等各个环节与功能模块。在整个电子商务运营过程中，需要使用到大量软硬件信息技术。

为了能够帮助大家更好地理解电子商务，我们首先将企业的电子商务行为划分为广义电子商务和狭义电子商务两大类。其中，广义的电子商务可概括为：企业或个人只要利用各种电子设备或工具进行一项商务活动，都算电子商务；而狭义的电子商务则概括为：企业必须利用互联网来完成自身的商务运营。所以，通过比较两者间的异同，我们可以得出如下结论。

电子商务无论是广义的还是狭义的，都应该包含两个方面：一是通过互联网平台进行交易；二是利用互联网技术实现商业目标。

人们一般理解的电子商务多是指狭义上的电子商务。

综上所述，我们可以认为：电子商务（Electronic Commerce，简称 EC）是指利用计算机技术、网络技术和远程通信技术等现代化信息技术和电子工具（这些工具包括电报、电话、广播、电视、传真、计算机、计算机网络、移动通信等），对企业的各项商贸活动进行持续优化，在全球范围内进行的各类商务贸易活动。通过电子化、数字化和网络化的商业模式，实现商品生产、营销、交易、运输和服务的全面改革，使各方参与者，包括商品提供者、广告商、消费者、中介商等，能够更加有效地实现商业目标。

其中，商贸活动是电子商务的主体，计算机和网络技术是电子商务的技术手段，电子化方式为电子商务的运营模式，各项法律、法规和行业标准是电子商务顺利完成商务活动交易过程的有力保障和必要的准绳。

（二）电子商务的基本组成要素

电子商务主要由四方面组成，分别是：商务平台、消费者、产品和物流。其中，商务平台是电子商务开展的主要阵地，具有展示商品、宣传推广、通信交流、在线交易、金融支付等多项重要功能。

消费者是电子商务活动开展的主体，一般进行访问、购买、评价等行为。

产品是电子商务活动开展的主要对象，具有充实商务平台、满足人们生活需要、实现价格价值、促进经济活动繁荣等作用。

物流是电子商务活动开展的重要保障，具有运送商品、完成交易，增加人们生活渠道多样化和便捷化的重要作用。

（三）电子商务运作中的主要关系

电子商务虽然囊括人们生活的方方面面，各类在线商品林林总总，但在电子商务活动中，主要包含三种关系，即买卖关系、合作关系和服务关系。

1. 买卖关系

经济行为的目的是追求利益，通过交易实现货物与货币的交换，是商务活动的核心。买卖关系是电子商务在运作过程中的最主要关系。

2. 合作关系

如果要更好地促进商贸活动、完成商品交易过程，商家需要和很多相关性企业、团体进行合作，才能完成电子商务的运作。如企业要开通自己的企业网站，需要和软件公司合作；如果想发布自己的网站，需要和网络信息服务提供商合作；如想入驻淘宝、易贝等大型商城，需要和该商务平台公司合作；为保证商品能在全国进行销售，需要和物流公司建立合作关系等。通过和各类商业伙伴建立合作关系，为消费者的购买行为提供可靠和优质的销售保障，是企业开展电子商务运营的必要条件。

3. 服务关系

随着时代的发展，消费者对品质的要求越来越高，对服务的要求也更加多样化。所以，商家如果想在电子商务方面获得成功，必须以优质的服务贯穿始终。一方面，服务已经和货物一样是重要的商品销售内容；另一方面，良好的服务体验，有时会成为商家信誉的参考，如淘宝、京东等商城都在显著位置开通了用户评价版块。此外，良好的服务还是决定本次交易是否成功，以及是否还能实现再一次交易的重要考量标准。故而从事电子商务的商家不能仅以出售商业为目的，还要为消费者提供购买相关的各项服务。诚恳、优良的服务是企业开展电子商务能否成功的重要影响因素。

（四）电子商务的主要特征

电子商务是一种依托信息技术而产生的新兴商务模式，相对于传统的商务模式，其具有明显的区别性与特殊性。

1. 普遍性

近年来，我国的信息技术发展迅速，电子商务作为一种经信息技术改良、经互联网传播的全新交易方式，广泛地将材料供货商、商品生产商、销售商、物流企业以及消费者和监管政府纳入了一个完整的产业链中，使电子商务存在于人们生活的方方面面，使它具有了高度普遍性。

2. 便捷性

信息技术让人足不出户行遍天下成为可能，消费者从此被带入了一个网络经济的新天地。因为网络技术的出现，不管是商家还是消费者都不再受地域的制约，交易双方能够以非常简洁和快速的方式完成过去极为繁琐的各类商业活动。例如，通过各类网络银行和第三方网上支付平台，人们能够 24 小时随时随地地完成订单的生成与支付、查询账户信息、进行资金对账等操作。同时，也使商家对客户的服务方式更加多样化，服务质量考核更加透明化，从而使服务质量不断提升。在电子商务时代的商业活动中，人们可以更加灵活地沟通、洽谈。交易时间更加灵活，交易方式也更加多样化。

3. 整合性

商务活动的过程，往往包括多个复杂的程序和环节，在电子商务模式下，人们能够借助各类的业务应用平台，较好地规范商贸业务的工作流程，将人工操作和信息技术的数据处理结合起来，使业务流程获得优化，人力获得精简、物力得到高效利用，所有以前繁琐、多变的交易环节，都通过一个流畅、具有高契合度的业务系统得以紧密、有效地运转。

4. 安全性

电子商务的运转，需要各类现代化电子设备和信息业务系统结合。电子商务在给人们带来便捷性的同时，也可能产生各类安全方面的隐患。在电子商务的实践操作中，如何保证资金安全与信息安全是关系到电子商务能否为人们所接受的重要问题。为了解决这一问题，各大电子商务技术服务商不断更新技术，催生产品换代，提高安全保障措施。借助网络技术直接提供一种端到端的安全产品和相关的各类解决方案，如加密机制、签名机制、安全管理、存取控制、防火墙、防病毒保护等，这些产品和措施使电子商务的安全性得到了有效保障。

5. 协调性

完成一个交易，需要涉及层层面面各类不同的角色，满足多方面不同的需求。所以，商业活动实际上是在完成各类协调的过程中实现的，它包括客户业务员、公司内部各部门、材料供应商、生产商、批发商、零售商等各个环节上的协调。只要有一个环节出问题，交易活动就有停滞的可能。而在电子商务的运行模式中，所有的环节都被网络技术便捷地联结在了一起，使沟通更加顺畅，各类需求和问题都可以得到清晰、有效的解决。而业务系统的运转更是促成了金融机构、物流机构、信息通信部门、技术研发部门、售后服务等多个部门的通力协作，具有高度的协调性。

6. 集成性

传统商务活动内容、角色的松散，往往给交易过程带来了各方面的不稳定因素，而电子商务则以信息系统为统一接口，以互联网为统一的工作渠道，通过对商务活动所需的各种功能进行整合，以及对参与商务活动的各方进行有效协调，电子商务的交易流程变得更加高效、便捷，甚至可以实现一站式完成，大大提升了商业活动的效率。

（五）电子商务的主要关联角色

1. 第三方电子商务平台

第三方电子商务平台（以下简称第三方交易平台）是指在各类电子商务交易活动中能为交易双方或多方提供交易机会及相关服务的信息技术系统的总和。

2. 平台经营者

平台经营者是指通过工商行政管理部门注册并获得营业执照的个体，其可以通过第三方交易平台为交易双方提供服务，这些个体包括自然人、法人或其他组织。

3. 站内经营者

第三方交易平台站内经营者（以下简称站内经营者）是指依托于电子商务交易平台，从事各类商品交易以及有关服务活动的自然人、法人和其他组织。

4. 在线支付系统

在线支付系统是一种复杂的金融系统，它由多个中介机构组成，它们负责支付、中转、清算，并利用先进的技术手段来实现支付指令的传输，从而实现债权、债务的清偿和资金的流动，也被称为清算系统。

（六）电子商务与传统商务模式的比较

1. 电子商务与传统商务模式之间的关联

商务模式是管理学研究的重要领域之一。在分析商业模式的过程中，主要关注企业在市场中与用户、供应商和其他合作伙伴的关系，尤其是彼此间的物流、信息流和资金流。这些恰好是电子商务和传统商务模式间重要的联系和区别所在。

电子商务是一种新型的商业模式，它将传统商业模式与现代信息技术相结合，旨在提高商品的生产效率、降低流通成本、提升商品质量。它通过电子网络实现了商品的快速流通和结算，从而极大地提升了商业效率。两者之间既有关联，也有差异。

（1）不论哪种商务模式都需要有一个属于自己的商业活动空间，这个空间主要都包括三个方面：交易的场所、交易的区域和交易的主体。交易的主体是商家和消费者。

（2）不论哪种商务模式都以货币为媒介，按市场要求进行商品资源配置。即便是现在网上时兴的第三方支付平台，也仍是银行货币本位和信誉资质的结合。

（3）不论何种商业模式，都应该被视为一种严肃、诚实的社会行为。电子商务的虚拟化和电子化开店，旨在确保消费者、商家和产品的真实性，以及双方在参与电子商务活动时的合法权益。因此，双方在没有获得对方授权的情况下，应当遵守相关法律规定，保护自己的隐私，并且在参与电子商务活动时，提供真实的个人信息、资质信息和产品，以确保双方的合法权益。

（4）不论哪种商务模式都要以真实的货物或服务交付为终结。在电子商务模式中，当网上的洽谈和支付环节完成后，就要和传统商务模式一样进行货物的交付。电子商务的物流作业流程同传统商务的一样，目的都是要将用户所订的货送到用户手中，基本的业务流程一般都是这样的：进货、进货检验、分拣、储存、拣选、包装、分类、组配、装车及送货等。

2. 电子商务模式与传统商务模式的区别

通过电子商务，企业可以借助网络技术实现物流、资金流和信息流的有效整合，从而使其能够通过全球信息网（WWW）、企业内部网（Intranet）和外联网与世界各地的客户、经销商和供应商建立联系，从而获得更大的市场份额和竞争优势。电子商务模式是新技术、新环境、新理念下的新的商品交易模式，它脱胎于传统的商务模式，又比传统的模式更高效、更便捷，两者有着诸多的不同。

（1）两者的运作过程不同：传统商务的交易过程中的实务操作由交易前

的准备、贸易磋商、合同与执行、支付与清算等环节组成。交易前的准备就是交易双方了解了有关产品或服务的供需信息后，开始进入具体的交易协商过程，交易协商实际上是交易双方进行口头协商或书面单据的传递过程。在传统商务活动中，交易协商通常是通过口头协议完成的，但是为了确保双方的合法权益，交易双方必须以书面形式签订具有法律效力的商贸合同，包括询价单、订购合同、发货单、运输单、发票、验收单等，以确保交易的结果和监督执行，并在发生纠纷时由相应机构进行仲裁。此外，支付也是一个重要的环节，传统商务活动的支付一般有支票和现金两种方式，现代商务活动的支付方式更加灵活，可以根据客户的具体需求，提供更多的支付选择，以使双方的利益得到最大化的保障。

电子商务的运作过程虽然也有交易前的准备、贸易的磋商、合同的签订与执行以及资金的支付等环节，但是交易具体使用的运作方法是完全不同的。在电子商务模式中，交易前的准备、交易的供需信息一般都是通过网络来获取的，这样双方信息的沟通便具有快速和高效率的特点；在电子商务中，交易双方通过协商将书面文件转换为电子形式，并通过网络进行传输；签署和执行合同时，利用网络协议和电子商务应用系统，确保交易文件的准确性和可靠性，并在经过第三方授权的情况下具有法律效力，可以作为解决纠纷的依据。此外，电子商务中的资金支付通常采用网上支付的方式完成。

（2）企业商务运营中的中心不同：传统商务中制造商是商务中心，而在电子商务环境下销售商则成了商务的主体。

随着电子商务的兴起，制造商不再仅仅是市场调研、新产品开发和研制的主导者，它需要负责组织产品的销售，为交易活动提供更多的支持。在这种情况下，销售商也参与到了整个销售过程中，包括建立和管理产品网站、设计和更新网页内容、提供各种业务和售后服务，这使制造商失去了主导地位，而成为了一个被动的参与者。

（3）电子商务和传统商务商品流转的机制不同：传统商务模式下的商品流转是一种"间接"的流转机制。大多数制造企业的产品都需要经过多个中间商才能到达消费者手中，这种流转机制会产生许多不必要的环节，如流通、运输和存储等费用。此外，每个中间商都希望从中获得更多的利润，这导致产品的出厂价和零售价之间存在较大的差距。一些制造企业选择了直销模式，即将商品直接送至商场柜台进行销售。这种模式降低了商品的价格，受到消费者的欢迎。然而，由于需要大量的销售人员，这种模式并不能为生产企业带来更多的收益。

电子商务的出现使产品都能够建立最直接的流转渠道，制造厂商可把产品直接送到用户手里，还能从用户那里得到最有价值的需求信息，实现无阻碍的信息交流。

（4）随着互联网的普及，电子商务的地理范围和商品范围已经超越了传统商业的局限，它们可以跨越时空，拓展到更广阔的领域，满足消费者的需求。

通过以上内容，我们不难看出传统商务与电子商务之间既有共同点，也有着一些不同点，两者之间的关系主要表现在以下两个方面。

第一，电子商务的物流系统可以建立在传统商务的物流系统的基础上，这样可以更充分地保证物流资源的利用率。

第二，通过创新，电子商务的许多活动不仅可以保持其原有的运营模式，还可以根据市场变化不断调整和完善，从而更好地满足客户的需求。此外，传统的销售渠道和信息网络也可以为电子商务提供服务。

3. 电子商务相较于传统商务模式的优点

相较于传统的商务经营模式，电子商务具有以下几项显著的优势。

（1）交易模式更多样：在交易形式上，传统的商务模式一般要求采购人员当场看货、面对面地进行咨询和谈判，最后要求双方现货交易，形式单一而低效。电子商务则是通过计算机技术和网络技术，将交易过程电子化、网络化，使原本有形、单一的市场变得虚拟化、多元化，从而让买卖双方都获得了更大的选择空间。

（2）产品信息更丰富：在产品信息的获取上，传统的商务模式只能通过熟人介绍、业界口碑、报纸、电视、广播中的广告等方式获得拟采购产品的信息，但所获知的产品种类和产品提供商数量仍然有限，对产品的具体内容也不甚了解；而电子商务通过互联网技术，将所有的企业和产品都展现在网络上，采购方可以通过网络查阅到更多的企业，选择面更加广泛。电子商务平台对于产品信息的展现也更多、更直接，采购者可以更准确地选择需要的产品，从而更全面地掌握企业和产品信息。

（3）交易成本更低廉：在传统的商务交易模式中，交易双方通过供需双方口头商谈具体交易内容，当距离较远时，便只能借助信件、电话、传真等方式传递信息，这些都会为企业增加沟通成本；而电子商务中，随着展示信息的更加全面，双方可以减少很多咨询答疑工作，借助即时通信工具，实现网上沟通，再加上在线交易功能，可以实现"无纸贸易"。因此，电子商务的出现，可以大量减少交易的环节，使交易成本更加低廉。

（4）交易方式更简洁：在传统的商务模式中，不仅要有繁琐的看货和沟通过程，即便购买方选中了货物，仍需要进行当场支付现金，然后清点金额、找零，或奔赴银行、邮局进行转账，然后企业开具收条、入账等操作。一场交易完成，牵涉人员较多，过程繁杂。而电子商务把一切的产品信息都呈现在互联网上，"所见即所得"，且支付和查账过程都可以通过电子银行更快速的实现，操作也更便捷。

（5）交易时间更短暂：传统商务模式属于接触式的交易方式，在空间、时间上都有大量要求，这使人员在往返、信息传递、支付上耽搁了大量的时间；而电子商务利用网络信息传递、快速而准确。利用计算机软件系统的自动化技术，可以有效地解决传统交易模式的诸多问题，如容易出现错误、成本过高、信息传递及处理速度缓慢等，从而显著地缩短交易时间，并且极大地提升整体的交易效率。

（6）交易过程更透明：从发布信息到签约购买，再到最终支付、收到货物通知和评价，买卖双方都是在网络上完成整个交易。网络上的信息传输可以保证各种信息之间的流通。经由这种方式，整个交易过程变得更加透明，有效地防止了欺诈和造假行为的发生。

（七）大力发展电子商务的重要意义

电子商务是新时代下经济运行和经济发展都离不开的重要经贸模式，受到各国政府的普遍重视和大力推广。电子商务的重要性可以用一句话来概括：它能够帮助企业快速获取市场信息，准确把握市场需求，缩短产品生产周期，最大限度地减少商业交易环节，降低交易成本，提升企业在市场上的竞争力。电子商务与传统商贸活动相比，具有显著的优势。

首先，通过电子商务，企业能够更快、更准确地获取市场信息，并且能够更好地把握消费者的需求，从而更有效地作出生产经营决策。从根本上讲，商贸活动始于消费者，消费者的需求推动着零售商向制造商采购产品，再由制造商向配件商采购配件，最终由配件商向原材料供应商采购原材料。这样一来，商业活动便形成了一个紧密相连的体系。随着商贸活动链条的形成，信息流也在不断变化。为了确保企业能够在这一链条上保持健康运转，必须确保信息流的高速流动，以及对信息的准确处理，以便企业能够从中获取更多、更精准的信息。如果企业仍然依赖人工去处理庞大的信息流，那么其效率和准确性将会大打折扣，而且企业也无法实现快速获取丰富、准确的市场信息的期望。通过利用先进的计算机技术，如互联网和因特网，电子商务可以有效地解决许多挑战。它可以把企业的商业活动连接起来，形成一个庞大的合作网，让交易双方自由地沟通和交换信息，从而提升整个交易过程的效率。随着科技的不断发展，采用先进的技术来处理信息，不仅能够提高信息的准确性，还能够更好地把握消费者的需求，洞察市场的变化，为企业提供有效的决策支持，让其能够在激烈的市场竞争中占据一席之地。

其次，电子商务是一种以计算机网络为基础的商业活动，它可以有效地缩短产品生产周期。通过电子商务，企业可以摆脱以往依赖人工完成商业活动的落后交易模式，与供应商和客户建立紧密的经济联系，快速传递或接收商品信息、购货订单、设计图纸、结算票据、发货通知等。通过快速设计、生产、发货和结算，企业可以尽早进入新的生产环节。

最后，电子商务可以有效地降低商业交易成本。电子商务能够降低交易成本主要表现在两个方面：一是能够降低促销成本。众所周知，在当今的市场经济时代，在完成一个购买-生产-销售过程所支出的成本费用中，促销（包括广告宣传）费用约占30%～50%。而使用电子商务，通过计算机网络尤其是因特网推销商品，促销费用会比传统的电视、报纸等媒体广告费用低1%～5%，比直接邮寄广告低10%。这不仅可以有效降低采购成本，还可以拓展采购范围，克服地域限制，更加便捷地完成采购行为，以更低的价格获得更优质的原材料，为企业带来更多的经济效益。

二、我国电子商务的基础环境

（一）电子商务的技术环境

技术环境是指一个事物发展时所必需的技术要素与设备基础。电子商务技术环境是指利用计算机、网络、智能终端等软件、硬件技术建立的信息化平台，以支撑现代商业活动，这些技术包括基础设施、企业信息和金融电子化等方面。随着电子商务经济的发展，企业可以利用网络跨越地域和时空的限制，在全球范围内实现从原材料采购到产品开发、生产、宣传、销售、货款结算及银行之间往来等各个环节的业务。此外，网络也可以促进人力资源供求信息的流通和供求协议的达成，从而更好地满足企业的需求。

企业信息化是电子商务的前提条件。企业信息化是一种利用 IT 和网络技术提升企业经济效益和竞争力的过程。它涉及产品设计、经营管理、决策等方面，并通过培养信息化人才来实现这些目标。企业能否充分利用电子商务的优势，以及如何发挥这种优势，取决于企业信息化水平的高低。只有当企业信息化水平达到一定程度，才能够实现从原材料采购到产品开发、生产、销售、贷款结算及与银行之间的业务往来等各个环节的全面管理，获得更大的社会效益和经济效益。

金融信息化是电子商务发展的关键，它旨在通过深入开发和广泛应用信息资源，使金融服务更加便捷、安全、高效、全球化，从而提升客户体验，实现金融服务的全面升级。随着金融信息化的发展，金融机构利用信息网络进行业务活动，从而催生了网上银行这一新兴金融服务模式。

电子支付工具在网上交易中扮演着重要的桥梁角色，它不仅能够跨越地域和时间的限制，还能够为市场主体提供优质的服务。随着电子商务的快速发展，金融业必须适应这一新时代的需求，以保证其在信息时代的生存。

（二）我国电子商务发展的基础环境

1. 我国目前电子商务发展的基础环境

20 世纪 90 年代以来，我国网络信息技术和基础设施建设都以超常的速度发展着，目前已有了一定的基础。

我国为了满足电子商务发展的需求，提升电子商务基础设施的科学技术水平与信息终端设备的普及程度，投入了大量资金。达维多定律强调，企业必须不断创新，以满足其发展的需求，这就要求网络和 IT 投资必须持续不断地进行。

人力资源是社会发展的关键因素，信息和网络基础设施的建设需要大量具有高素质的专业人才，包括信息技术专家、网络管理专家、材料专家和投资管理专家等。随着信息技术的飞速发展，人力资源的知识储备和素质也在不断提升，这也推动了信息科学技术的发展。

近 20 年来，我国企业信息化建设取得了长足的进步，许多企业都建立了内部网络，并利用信息网络技术进行信息处理和辅助管理。大中型企业更是投入大量资源，购置了先进的信息化设备，培养和储备了一批高素质的信息化人才。

从 1993 年开始，我国金融信息化建设进入了快车道。许多银行，包括建设银行和招商银行等，已经推出了在线银行服务。

在金融信息化建设的过程中，不少新问题也正在困扰着金融网络发展。

（1）金融信息的安全问题。

（2）金融信息安全防护措施的后发性问题。

（3）网上银行的统一性问题。

2. 解决我国电子商务发展基础环境建设中的难题

为了促进电子商务的发展，必须努力建立一个有利于其发展的经济环境。在当前的情况下，建设电子商务基础设施、实现企业信息化和金融电子化都需要大量资源，特别是资金资源和人力资源。在社会主义市场经济框架下，解决这些挑战需要各方共同努力，包括政府、企业和其他相关主体。

（1）电子商务经济环境建设的资金问题

为了在激烈的市场竞争中取得成功，信息企业、工商企业、金融企业及其他相关主体必须不断提升经营管理水平，合理配置企业内部资源，积极投资信息产品，以期获得更大的发展空间。在市场经济条件下，企业可以通过多种渠道筹集资金，以满足电子商务的发展需求。

（2）电子商务经济环境建设的人才问题

随着电子商务的发展，信息科技、电子商务、现代管理等领域的专业人才日益紧缺，在我国的人力资源市场上，这些人才的供给却远远不足以满足需求。因此，引进国外专业人才是一种有效的解决方案，可以有效地加快电子商务基础设施的建设，从而满足市场的需求。近年来，政府积极采取措施，大力招揽人才，以满足国家发展的需求。出国留学人员学成回国潮的出现，就是政府努力的结果。为了更有效地吸引和留住优秀人才，必须加强对外国专家的政策制定和相关措施的完善。

（3）电子商务经济环境建设中的政府宏观调控职能

在社会主义市场经济条件下，电子商务基础设施建设需要大量资金和人力资源，这些资金和人力资源的短缺问题必须通过市场机制来解决。为此，我国政府持续投入大量资金，以推动电子商务经济环境的发展。随着新旧体制转轨的深入推进，政府的宏观调控不可避免地会受到一定程度的影响，但是随着政府职能的转变，政府将更加积极地支持电子商务经济环境的建设，以期达到更好的发展效果。

三、电子商务对我国社会经济的影响

电子商务是一种全新的商业模式，它以其全球性、低成本、高效率的特点迅速发展，已经成为当今社会的一种重要商业形式。它不仅改变了传统的贸易方式，而且也为企业提供了更多的发展机遇，虚拟企业、虚拟银行、网络营销、网上购物、网上支付、网络广告等新兴概念也被广泛接受和认可，这推动了电子商务的发展，为人们带来了更多的便利。电子商务不仅改变了企业的生产、经营和管理方式，还将对整个社会的经济运行产生深远的影响。

（一）电子商务对我国企业的影响

通过电子商务，企业可以大幅度降低管理成本和交易成本。这种交易方式大大简化了交易中间环节，使生产商与消费者之间的交易更加便捷。随着电子商务的发展，企业不仅可以降低采购成本，还可以拓展全球市场，使其产品更加便捷地销售到全球各地。此外，电子商务还可以让消费者参与到企业的生产过程中，根据消费者的需求，帮助企业更好地制定出满足其需求的产品。随着电子商务的发展，虚拟产品的出现大大减少了企业的库存，极大地提升了交易的效率和质量。通过电子商务，企业可以与客户、供应商和合作伙伴直接建立联系，进行各种经济活动，包括宣传、购买和结算具有经济价值的产品和服务。电子商务使各种经济活动都能够自由地进行，不受地理位置、资金或零售渠道的限制。无论是私营企业、政府机构、社会团体、普通公民还是企业家，都可以在全球范围内进行产品交易，并为消费者提供多种选择。电子商务给企业带来了更广阔的市场，以前由于信息阻塞，企业的市场往往只局限在某一个地区或某一个区域内，随着信息经济的飞速发展，电子商务已成为当今企业的主要交易模式，企业可以进行跨越国界、跨越文化的交易，拓展了企业的全球化市场。

（二）电子商务对我国国民生活的影响

21世纪，随着中国经济的飞速发展，人们的生活水平稳步提升，人们对于新事物的学习能力和接纳能力也越来越强。电子商务逐渐被越来越多的人重视，应用层面越来越广、应用力度越来越强。它不仅可以丰富人们的娱乐生活，还可以使人们日常的学习和工作更加快速、便捷。

在日常生活方面，人们利用各类网店、手机应用可以快速地购买到自己想要的生活用品，满足自己亟需的各项生活服务，生活便捷性得到了很好的保障，生活的满意度也得到大幅度提升。

在学习、就业方面，人们可以利用电子商城、网银、第三方支付平台实现学习用具、学习资料的购买，实现跨空间、跨平台对话，节省了学习成本，实现专业技能精确化，提高就业成功效率。

在工作沟通方面，人们普遍借助 QQ、微信等互联网即时通信应用来完成工作沟通与商贸洽谈。

在企业管理方面，公司的管理者只需通过网络就可以随时查阅公司报表、监控公司业务运转，实现指挥遥控化、经营信息化、业务优质化、手段科学化。

可见，借助信息化技术的确可以提高工作效率，促进商务活动的便捷。综上所述，电子商务正在从各个方面改变着人们的经营方式、生活内容、消费观念和娱乐形式。

（三）电子商务对我国经济产业的影响

（1）通过开展电子商务，我们可以深入革新企业商务的经营方式

传统模式下的企业营销模式以单纯的个人行为作为最基本的推进单位，常见的情景就是企业进货需要"采购员遍地跑"，卖货需要"销售员满天飞"，只依靠人与人的接触来推动商品在产业中的流通。有时甚至尽管"说破了嘴、跑断了腿"，企业在营销中的诸项数据依然乏善可陈。

在电子商务时代，不管是企业的营销还是消费者的采购，都可以通过连接网络、点击鼠标完成。人们可以借助计算机快速地进入各类网上店铺进行信息浏览、比对、下订单购买，并且还可以在线进行咨询、交流服务，满足交易的多样化、透明化要求。商家们也可以借助网络，搭建自己的网上营销平台，通过腾讯 QQ、微信或其他各类即时通信工具与客户建立沟通，利用网上支付平台进行钱款转账、货款结算等金融服务。地方政府也可以借助电子商务相关平台公开化地进行政府物资的网上招标、电子化采购等工作。

（2）通过开展电子商务，我们可以丰富市民的消费模式

在传统的小商品交易中，人们需要根据生活中实体化的商场或超市中的库存商品来决定购买的物品。在可活动范围内，较少的市场和店铺数量、麻烦的来往路程以及市场和店铺中商品的有限性，都给人们的日常消费带来了一定的限制和不便。

但是在电子商务时代，所有的小商品采购都可以通过互联网来完成。足不出户就可以访问网上商城；网上商场在访问时没有任何的限制，可以轻松检索、查询到自己想要的各类商品，甚至在同类多种商品中还可以进行横向比较，这使日常的购买行为变得简单而有趣。相对于传统小商品的交易行为，电子商务模式下，消费者开始占据交易中的主导地位。商家通过便捷、多样化的网络工具来推广商品，但最后的购物意愿则掌握在消费者手中。

（3）通过开展电子商务，我们将催生出一种全新的金融业服务方式

资金安全是电子商务开展的关键环节，通过在线支付标准和法律、法规的颁布，支付宝、微信等支付手段开始流行。网上银行、电子银行功能日益丰富，信用卡以及电子支票、电子现金等服务将传统的金融服务带入一个全新的领域。

（4）通过开展电子商务，我们将多种类地转变政府的监管行为和服务行为

政府一向是社会经济发展最重要的推动者与管理者，随着信息化浪潮的兴起，社会行为模式发生了巨大的改变，企业开始积极应用电子商务进行生产经营活动，银行大力推动金融电子化、消费者普遍进行网上消费。这些都将对政府管理行为和服务理念提出新的要求，政府要积极转型，借助电子商务的发展催生电子政务的开展。

四、我国电子商务发展中尚存在的不足

（1）区域间发展不平衡

受开放程度、人民接受新事物程度及物流货运方便程度等因素的影响，我国珠三角、苏杭、胶东半岛等沿海地区电子商务发展较好，中西部地区则相对落后。2014 年，华南地区的电子商务交易额占全国总量的比重达到了36%，华北地区的交易额达到了31%，华东地区的交易额达到了24%，西部地区的交易额却远低于9%。

（2）中小企业电子商务发展仍显滞后

由于管理水平、资金和人才等因素的限制，中小型企业的电子商务发展明显落后于大型企业。根据统计，只有 9%的中小型企业使用了电子商务，而大型企业中，电子商务已经成为采购和销售的主要渠道，占比高达 30%和 27%。

（3）信用体系建设不完善

电子商务的发展亟需出台电子商务合同相关规范，加强对电子商务合同的监管，以减少或消除在线交易的风险，促进信用体系建立。

（4）虚拟市场监管不力

这方面主要出现的问题包括在线产品信息管理、交易服务的监管及消费者权益保护等。

（5）物流配套体系仍需完善

我国尚未建立起强大的物流配送体系，现代物流业发达程度欠缺，全国范围或更广范围的物流配送能力尚显不足。

五、我国电子商务发展的重要任务

在未来，我国电子商务要避免盲目发展，发展要有所侧重，应重点发展以下七个领域。

一是电子商务与实体经济的融合发展，这种融合既包括线上线下融合，也包括电子商务与传统流通产业的融合、电子商务与传统制造业的融合。

二是大力推进便民电子商务的发展，鼓励 O2O 商业模式的创新，建立多样化的服务平台，比如养老、医疗等，以及其他相关的 O2O 平台，以此来提高消费者的体验，激发消费潜力，让每一位老百姓都能受益。

三是加强对低质、假冒和侵犯知识产权产品的监管，并逐步淘汰这些产品。为了确保市场竞争的公平性，我们应该通过品牌化发展来避免"劣币驱逐良币"的情况。

四是根据当地的情况，积极发展农村电子商务，让不同地区的农产品都可以在线上进行营销，提升其标准化、优质化和科技化水平，实现高质量、有特色的农产品的网上流通和网络零售。

五是鼓励建立基于产业链和供应链的营销网络，扩大运营渠道。

六是全面推行保税进口等措施，鼓励边境贸易和跨境直销，大力开展与"一带一路"国家的合作。此外，我们还鼓励电子商务企业"走出去"，建立海外营销渠道，创立自有品牌，通过多种渠道建立海外仓储设施。

七是加强物流配送产业的建设。快递、物流配送和全程供应链体系是电子商务发展的基础，我们应该加强农村物流配送体系的建设，促进物流企业的国际化发展。

六、电子商务的业务应用

（一）电子商务应用简述

1. 电子商务的应用层面

互联网技术不断普及，其对生活和商务的影响越来越深入，尤其是在现代经贸活动中，信息技术已经成为从原材料批发、生产、管理、营销到售后和服务支持等诸多环节中必不可少的一环。

电子商务各方面的应用也越来越成熟，依据其不同的功能特点，我们可以把电子商务分为三种不同的应用层面，也可称为 3S 层面，即 "SHOW" "SALE" 和 "SERVE"。

（1）SHOW（展示层面）

即发布电子商务信息，商家可以在互联网上展示商品，进行广告宣传。通过电子 SHOW 模式，企业可以快速确立自己的品牌形象，公布联系方式和联系人，提高知名度，全面、直接地宣传产品和服务，并快速寻找新的贸易伙伴。

（2）SALE（交易层面）

电子商务的出现极大地改变了商品交易的模式，它将传统的交易活动完全转移到互联网上，以电子化、信息化的方式进行交易，比如网上购物、在线支持等。企业可以通过 SALE 实现线上交易，其不仅能够拓展交易的范围，还能降低交易成本，创造更多的社会效益和经济效益。

（3）SERVE（服务层面）

企业可以利用网络技术来提供全面的售前和售后服务，这种网上 SERVE 可以帮助企业完善电子商务系统，增强客户忠诚度，吸引更多新客户，拓展企业的经营业务。

2. 电子商务的业务应用概念

为了能更好地促进企业的商贸发展，提高效率与扩大利润，我们必须把强大的信息化技术和企业的具体业务应用结合起来。而企业的业务内容又是丰富和多种多样的，所以，电子商务在具体的业务应用上有不同的表现形式。

通常情况下，电子商务中信息技术的功能具有四大用途：信息访问、个人通信、购物服务、虚拟企业。这些功能要想真正地在商务活动中实现价值，必须和商务活动中的具体业务内容、业务流程相结合。

（二）企业间电子商务的应用（B2B）

1. B2B 定义

B2B（Business to Business）是一种跨企业的电子商务营销模式，它将企业内部网络的应用范围扩大到更多的客户群体，通过 B2B 网站与客户建立紧密的联系以及快速的反应能力，为客户提供更优质的服务，从而推动企业的业务发展。近年来，B2B 行业发展迅速，已经达到了相当成熟的水平。

B2B 的商业模式使供需双方可以平等地参与到电子商务交易中，他们可以通过互联网、智能客户终端以及其他商业网络平台实现查询、交流、订购、支付、运输和售后等服务，完成商业交易的全部流程。电子商务已成为当今 B2B marketing 的重要组成部分。

代表网站：

（1）阿里巴巴

阿里巴巴是一个全球领先的 B2B 电子商务平台，为中小型企业提供了便捷的"诚信通"服务，但由于"诚信通"客户的数量众多，如果没有专业的电子商务运营技术，将很难取得预期的效果。

（2）中国制造网

中国制造网是 B2B 电子商务行业的新宠，其简洁的网站风格和实用的内容深受用户的喜爱。

（3）中国供应商

中国供应商是由中国互联网新闻中心创建的 B2B 贸易平台，它提供多种样式的广告服务。

2. B2B 特点

B2B 是电子商务交易的主要形式之一，其交易量占电子商务总交易量的 80%，B2B（企业与企业交易）有如下特点。

（1）交易对象相对固定

与普通消费者的交易行为不同，企业的交易对象更加固定，这种固定性体现了企业的专注，也表明了企业之间的交易需要更加稳定的环境。

（2）交易过程复杂但规范

企业之间的交易过程中需要多方参与和认证，过程复杂，严格规范。

（3）相对于 B2C 和 C2C，交易次数少，但交易金额大

因为 B2B 主要是发生在企业间的商业行为，往往伴随有大宗的货物交易，

与 B2C 主要集中在生活消费用品上、交易数量以零售为主、交易金额较少不同，B2B 的交易金额往往较为巨大。

3. 企业内部间电子商务开展模式

企业内部网络（Intranet）是一种高效的商务平台，它能够帮助企业实现内部信息的快速传输、交流、共享，实现企业内部的电子商务。通过建立防火墙，企业可以将自身的内部网络与 Internet 隔离，实现自动化的商务操作和工作流程，提升对重要系统和关键数据的存取能力，维护企业之间的良好沟通。利用企业内部的电子商务，可以大大提升企业的商务效率，使其快速地响应市场变化，更好地为客户提供优质服务。

4. 企业与企业之间电子商务开展模式

（1）企业间电子商务

企业是经济活动中最重要的单元主体，也是交易金额数量最大、交易渠道对接最积极、交易模式最稳定的对象。所以，企业之间的电子商务模式（B2B）代表着电子商务大额交易的未来。

（2）企业与企业间网站的商务模式

企业与企业间的电子商务活动，大多通过网站进行展示、宣传、推广，甚至在线下达订单，直至交易完成。

B2B 网站的商业模式可分为几种：主题类相关电子商务网站（也称纵向电子商务市场）、广泛类相关电子商务网站（也称横向电子商务市场）、行业特色网站和本企业网站。接下来我们重点介绍一下主题类相关电子商务网站和广泛类相关电子商务网站。

主题类相关电子商务网站是指提供某一类产品及其相关产品（互补产品）的一系列服务（从网上交流到广告、网上拍卖、网上交易等）的网站。该类网站交易目标针对性较强，信息归类较明确，其优势在于专项性、对比性、互补性和便捷性四方面。产品的专项性是指可以在这类网站中同时找到同一类产品的海量信息。产品的对比性是指客户可以同时浏览多家具有相同产品的公司的产品信息。产品的互补性是指对于特定主题产品的周边性也可以在这类网站实现一站式购物，如在一个电视网站上不仅可买到各类电视，还可以买到各类电视零部件。购物的便捷性则是顾客在这一类网站中可以实现一步到位的采购。

广泛类相关电子商务网站是指一些交易模式成熟、所跨领域较多、产品丰富的电子商务交易网站。交易双方借助互联网能迅速地完成多类产品的浏览，并开展即时通信、商品咨询与洽谈、制作广告、议价和叫价、在线交易，以及订单管理、库存管理、完成贸易、签订售后服务类别等内容。"广泛"旨在为各行各业提供全面的商贸服务，其中包括跨行业、跨应用、跨领域的产品。然而，由于"广泛"的模式缺乏深度和产品配套性，使它在交易中只能扮演中间商的角色，从而导致产品价格处于不利地位。

（三）企业与消费者间的电子商务应用（B2C）

1. B2C 的概念

B2C 是英文 Business-to-Customer 的缩写，中文意为发生在企业与普通消费者之间的电子商务行为，也可简称为"商对客"，也就是通常说的直接面向消费者销售产品和服务商业零售模式。B2C 是一种全新的电子商务模式，它是一种利用互联网和移动终端的在线营销活动，它为消费者提供了一个便捷的购物环境，让他们可以在网上购物，从而获得更多的优惠和便利。

B2C 电子商务以消费者为中心，将商业机构与消费者之间的交易对象锁定在一起。它以电子数据信息流通的方式，实现企业与消费者之间的商务、交易、金融等服务。淘宝商城和当当网，都属于 B2C 模式。

2. B2C 在中国的发展趋势与前景分析

近年来，B2C 电子商务市场的发展可谓飞快，特别是垂直类的 B2C 电子商务运营商，他们的在线销售成交额大幅攀升。B2C 网站在中国的崛起，如当当网、京东商城等，它们的用户数量在过去几年中有所增长，但是由于 B2C 市场的巨大潜力，竞争对手的数量也不断增长，市场竞争日益激烈。

B2C 电子商务市场处于多元化的发展状态，没有绝对的领先者，综合类 B2C 凭借其先发优势，已经获得了相当高的品牌认知度，并且通过加强用户体验等工作，实现了用户三位数以上的增长，随着规模效应带来的边际成本的快速下降，盈利也将在未来迅速实现。而垂直类 B2C 在资本等的支持下也有了高速增长，与综合类 B2C 的差距正在逐步缩小，这为消费者提供更多的选择，推动电子商务市场的整体发展。今年，一些 B2C 网站实现了持续盈利，随着中小型垂直类 B2C 的迅速发展，为整个行业注入了新的活力。新参与者将积极探索新的商业模式，以期在市场上获得更大的利润。

可以预见的是：网上专卖店的发展趋势具有良好的盈利前景，而综合类商城由于商品品种繁多，缺少特色，则发展缓慢。专卖店和综合类商城相比，最大的优势在于它销售的产品种类集中，每类产品可以做到品种齐全，使购买相应类别商品的消费者有更多的选择。

专卖店还可以更好地定位目标客户群体，针对性推出相应的产品和服务。因此，在电子商务发展环境尚不成熟、不能实现多数人上网、所有产品均能进行网上销售的情况下，产品种类少而精的网上专卖店在近期内会有更大的发展潜力。

根据长期的网民调查监测结果显示，网民在网上购买的商品主要包括图书、音像、软件、鲜花礼品、手机、食品等。因此，预计未来一年，以这些产品为主的网上专卖店将会迅速发展壮大。

随着国家对 B2C 市场监管力度的不断增强和监管措施的不断完备，B2C 市场诚信体系建设受到了国家巨大的重视，B2C 市场的各类运营流程及业务模式也在不断地完善和创新，B2C 在我国的开展和运行也日渐成熟起来。因此，我们有理由相信 B2C 市场定会更加繁荣，未来中国的 B2C 发展前景无限。

（四）企业与政府间的电子商务应用（B2G）

1. B2G 的概念

B2G 是指发生在政府（Government）与企业（Business）之间的电子经贸活动，以及商业管理行为，即政府通过电子网络系统进行电子采购与招标，精简管理业务流程，迅速地为企业提供各种信息服务。

在 B2G 模式中，企业主要通过电子化网络系统为政府提供采购和有偿商务服务。B2G 模式旨在打破各政府部门、政府部门与企业间的界限，使相关业务部门在资源共享的基础上，为企业提供各种信息服务，精简管理业务流程，节省政府采购成本，促进政府政务公开，提高办事效率，也为企业的生存和发展提供良好的条件。

2. B2G 的内容

（1）B2G 的常规内容

B2G 作为近些年才出现的新的网络商贸模式，以电子商务为主要平台，兼跨一些电子政务的工作领域。B2G 是商贸团体和政府机关通过互联网与信息技术来完成经贸活动，以及交换有效数据，甚至强化政府对商业活动的监督与管理职能。这种模式显然比传统的线下工作模式更加具有效率。

举例来说，一个提供 B2G 服务的网站可以为政府提供多种定位服务，包括为市、州、省、国家等各级政府提供应用程序和税款格式的定位；提供快速填写表格和支付款项的功能；实时更新企业信息，以及回答特定问题等。

B2G 可以提供电子采购服务，商家可以通过它获取代理处的购买需求，并且可以根据代理处的请求及时作出反应。B2G 可以被视为一种在线应用软件和数据库设计的租赁服务，特别是针对政府机构，它可以为政府提供更加高效、灵活的服务。

（2）B2G 的工作层面

B2G 的工作层面包括政府电子化采购、企业电子化报税、企业信息报备与共享、企业通过互联网技术参与政府组织的一些商业交易活动等。

（3）B2G 的特点

① 促进商业组织与政府间的互动

通过 B2G，企业和政府间的交流更加紧密，可以让企业更广泛、更直接地参与到政府的工作中去。

② 速度快和信息量大

通过 B2G，政府与企业间的商贸活动主要在网上公布或完成，企业可以随时随地了解政府的政策，及时、有效地作出科学的商业决策。

③ 节省政府采购成本

通过 B2G，政府采购可以节省中间代理层面的成本，还能减少中间环节的时间延误和费用。

④ 促进企业办事的现代化办理

通过 B2G，将大量政府审批、办理的企业日常工作业务转移到信息系统上进行。政府办事更有效率，企业办理相关业务也更加便捷。

（五）线上与线下相结合的电子商务应用（O2O）

1. O2O 的概念

O2O 即 Online to Offline（从线上到线下）的简称，是指将线下的商务贸易与网络技术相结合，让依托网络的各类电子商城系统成为线下贸易的交易平台，联合完成整个商品交易过程。O2O 的概念非常广泛，既可涉及线上，又可涉及线下，故通称为 O2O 商务模式。

O2O 这一理念虽然近几年才被提出，但这一电子商务系统对很多商务人士来说并不算陌生，它实际与已经流行多年的 B2C、B2B 和 B2G 等都有很多的共通之处。O2O 模式在运行中的应用可以分为两类：一类是线上成交、线下交易，目前人们最常见的即是生活中的各类团购型网站，如美团网、电影网、糯米网等。还有一类是通过线上进行宣传，却在完成线下付款与交易，这一情况多常见于规模较大或必须细致了解产品信息和质量的行业，如大型机械类交易、汽车交易、房产交易等。

2. O2O 的核心环节

O2O 商务模式能够成功推广和运行的核心环节在于便捷、安全的在线支付系统的有效开展。

"预约消费"模式的出现，不仅为消费者提供了更多的选择，而且还能够让他们在线上体验到更多的社交快乐。线上服务不仅可以装箱运送，而且可以根据消费者的地域特点，提供更加便捷的服务，让消费者可以在线上对比选择最令人期待的服务。如果没有线上展示，消费者可能会感到无从下手，更别提消费了。此外，目前正在尝试使用 O2O 技术的商家们，也会采取更优惠的方式吸引客户进行在线支付，这也为消费者节省了不少费用。

3. O2O 的应用价值

O2O 模式的优势在于，它能够将线上交易和线下交易的优势有机结合，让消费者在享受到优惠价格的同时，也能够体验到贴身的服务，通过网购，实现互联网与地面店的完美对接，让消费者更加便捷地获取商品。同时，O2O 模式还可以实现不同商家的联盟。

（1）O2O 模式利用互联网的无限可能性，将海量信息和用户资源有效地整合到线上，从而实现线上用户与线下商品与服务的交易，团购就是其中的典型代表。

（2）O2O 模式可以有效地统计和追踪商家的营销效果，避免了传统营销模式的不可预测性。它将线上订单和线下消费结合，可以准确地统计出所有的消费行为，从而更好地满足消费者的需求，提升商家的营销效果。

（3）O2O 在服务业中具有显著优势，价格实惠、购买便捷，而且可以及时获取折扣信息。

（4）O2O 模式将拓展电子商务的发展范围，从规模化转向多元化。它不仅打通了线上、线下的信息和体验环节，而且还能够让线下消费者免受"价格蒙蔽"的不便，同时也能让线上消费者获得"售前体验"的服务。

整体来看，O2O 模式运行得好，将会达成"三赢"的效果。

O2O 模式要求消费者在网站上支付，这将为商家提供一个便捷的渠道，更好地收集消费者的购物信息，实现精准营销，更有效地维护和拓展客户群。通过 O2O 模式，商家可以有效地利用线上资源，降低成本，提高利润。此外，这种模式还可以减少商家对店铺地理位置的依赖，减少租金支出。

4. O2O 的经营模式

O2O 平台的商业模式大大改变了人们传统的消费方式，为消费者提供了更多的便捷服务，包括消费指南、优惠信息、预订、在线支付、地图等，以及更多的分享功能。O2O 模式将消费者的购物过程划分为五个不同的阶段。

第一阶段：引流。

线上平台可以作为消费者进行线下决策的重要渠道，汇集大量需要消费的人群，或者引发消费者的线下行为。常见的 O2O 平台引流渠道包括消费者评价类网站，如大众点评；电子地图，如百度地图、高德地图；社交网站或应用，如微信、人人网等。

第二阶段：转化。

线上平台为消费者提供了丰富的商铺信息、优惠活动，以及便捷的服务，使消费者能够轻松地搜索、比较各类商铺，最终帮助他们作出明智的消费决策，而不必再去线下选择。

第三阶段：消费。

消费者利用线上获得的信息到线下商户接受服务、完成消费。

第四阶段：反馈。

这些反馈还可以为本地商铺提供更加完善的信息库，从而吸引更多的消费者使用这些平台。

第五阶段：存留。

通过线上平台，消费者和当地商家可以建立更加紧密的沟通渠道，有效地维护双方的关系，促进消费者的重复消费，并最终形成商家的忠实客户群。

5. O2O 与 B2C 的异同点

O2O 和 B2C 都是一种消费零售服务形式，它们都涉及传统的零售业态，如大型超市、标准超市、便利店、专卖店、品牌店、品类店，以及连锁店和购物中心等。此外，它们还可以通过电视、电话、互联网等多种方式实现销售，从而满足消费者的多样化需求。

（1）不同点

① O2O 更侧重服务性消费（包括餐饮、电影、美容、SPA、旅游、健身、租车、租房等）；B2C 更侧重购物（实物商品，如电器、服饰等）。

② O2O 的消费者到现场获得服务，涉及客流；B2C 的消费者待在办公室

或家里，等货上门，涉及物流。

③ O2O 中库存是服务；B2C 中库存是商品。

（2）相同点

① 消费者与服务者第一交互面在网上（特别包括手机）。

② 主流程是闭合的，且都是网上，如网上支付，客服等。

③ 需求预测管理在后台，供需链管理是 O2O 和 B2C 成功的核心。

6. O2O 发展的特性分析

（1）盈利模式

由于 O2O 前景的不确定性，投资者对其预期也不尽相同。如果说确定性事件的可能性至少有 80%，那么投资者的实际胜算可能只有 20%。

目前，O2O 可以分为垂直行业链和平行优势产业链。垂直模式以某个点作为突破口，建立从上游到下游的完整产业链；平行优势产业链则以某一个点作为切入，建立一个完整的闭环生态链，实现信息共享。无论是传统的模式还是新兴的模式，都处于试水阶段，而垂直整合的能力对于行业大佬来说，更是一项艰巨的任务，因为当今社会分工明确，要想协调资源和信息，就需要大量的人力、物力支持。平行生态链模式的成功需要企业具备良好的数据处理能力，这不仅需要企业自身的实力，还需要社会的支持和配合。因此，O2O 的盈利模式尚未明确，但小规模的盈利仍然可行。

（2）平衡模式

O2O 的最大价值在于它能够真正从个人需求出发，为企业和个人提供更多的发展机会。O2O 在下一阶段将面临的首要挑战是如何让新模式与消费者建立良好的平衡关系，比如外卖送达时间、临走时如何说服顾客再次点餐，以及如何满足顾客的各种要求、如何调节服务与体验之间的关系。

第二节　企业局域网络的建设

随着信息技术的不断进步和人们对各种数据需求的日益增长，现如今的计算机网络，特别是 Internet，已经从传统的数据处理设备（如计算机等）和管理工具中剥离出来，成为人们信息交流的重要桥梁和纽带，其在企业工作中也扮演着不可或缺的角色。网络技术的应用正在以惊人的速度扩张，几乎渗透到企业运营的各个领域。在全球信息电子化、网络化快速发展的大背景下，无论是从宏观趋势还是商业利益的角度来看，建立企业内部的局域网已成为当务之急。

一、信息网络建设基础

（一）企业局域网的定义

局域网是指由多个计算机在一个局限范围内通过网络互相联接起来的计算机集合，范围通常限制在几千米以内。局域网可以提供文件管理、应用软件共享、打印机共享、工作组内的日程安排、电子邮件和传真通信服务等多种服务，其规模可以从两台计算机到上千台计算机不等。

由于局域网通常归属于一个特定的部门或单位，因此在网络建设、日常维护以及后期扩展等方面其工作相对容易，同时也具有较高的灵活性。

局域网的技术构成要素主要包括网络拓扑结构、传输媒介特性以及介质访问控制策略。

局域网的拓扑结构呈现出多种形态，包括星型、环型、总线型以及树型等多种不同类型。

局域网由网络硬件（包括网络服务器、网络工作站、网络打印机、网卡、网络互联设备等）和网络传输介质，以及网络软件所组成。

建立局域网，可以为企业带来以下便利。

（1）联通公司各部门，实现资源共享。

（2）充分利用各硬件设施，实现无纸化办公。

（3）实现业务网上办理，提高工作效率。

（4）形成企业内部网络，增加安全性。

（5）便于获取准确商业信息，为企业管理者提供科学决策。

（二）企业局域网的组建要求

局域网规模通常较小，结构相对简单，对性能的要求则因应用的不同而存在较大差异。中小型企业的技术人员相对不足，因此对网络的依赖度较高，这也就意味着网络必须尽可能地简单、易用，这样才能够降低网络的使用成本和维护成本，提高产品的性能价格比。此外，因为企业的业务在将来可能发生变化，所以企业的局域网在规划时就必须对此有所考虑，使网络在将来具备一定的可扩展性。

（三）企业局域网的组建原则

在考虑该系统的建设时，必须全面考虑其可靠性、安全性、灵活性、扩展性、先进性以及实用性。在设计过程中，必须遵循以下几个主要原则。

（1）可扩展性原则

设计时应当考虑到兼容性和连贯性，遵循标准化和模块化的设计理念，不仅要保持体系结构的高度开放性，还要提供多种灵活可变的接口，以便未来系统的扩展变得更加容易。

（2）实用性原则

信息化系统的建设并非终极目标，而是一种手段，因此必须与业务需求紧密结合。应用系统应能够替代繁琐、重复的手工作业，同时使整个管理系统更加易于操作和维护。

（3）先进性

该方案中的所有组成部分必须都采用符合当代信息技术发展趋势的先进技术，并且在各个领域都是公认的领先产品。

（4）信息共享和安全保密原则

为了确保信息在一定条件下、一定范围内的共享，系统必须具备对主要环节的监控功能，以防止非法用户越权操作，同时注意各个环节的安全保密性。要对网络通信系统进行权限分级管理，以提升其容错和故障恢复能力，确保系统运行的稳定性和可靠性。

（5）投资保护原则

在构建新系统的同时，必须充分考虑与现有系统的无缝衔接，充分利用现有设备、线路等资源，以确保系统投资的长期有效性。

（四）企业组建局域名的意义

（1）搭建公司内部的网络架构，最大限度地利用现有的硬件资源，实现办公方式的数字化转型。

（2）通过实现局域网内部资源的共享，有效避免了重复劳动，提升了公司员工的工作效率。

（3）公司可以通过建立局域网来降低网络资源的使用成本，从而方便员工查询和接收网络信息，实现成本节约。

（4）简化公司对计算机的日常维护和管理，实现维护成本的有效节约。

（5）搭建局域网，提升公司在办公自动化和企业内部电子商务应用方面的能力，逐步实现业务级网络应用的目标。

（6）为公司提供更快速、更精准的市场信息，为公司的决策提供更为科学的依据。

二、企业网络搭建主要技术

（一）网络设备

网络中的各种硬件设备相互依存，缺一不可。只有将这些设备以特定的方式联接起来，才能构建一个完整的网络系统。

1. 网卡（网络适配卡或网络接口卡）

网卡是联接计算机和网络的关键接口之一，每一块网卡均配备了唯一的 ID 号，即 MAC 地址，计算机在接入网络后，必须依赖 ID 号才能实现跨计算机的通信和信息交流。目前网卡种类繁多，根据网络带宽的不同，可分为 10 Mbit/s 网卡、10/100 Mit/s 自适应网卡以及 1000 Mbit/s 网卡。若以总线为基准进行分类，则可使用 ISA 总线、PCI 总线、PCMCIA 总线网卡等设备。就目前企业局域网建设的实际情况而言，10 M/100 Mbit/s 的自适应网卡是最为合适的工作站网卡。

2. 网络服务器

网络服务器作为一种操作系统，为网络通信和其他网络管理提供支持，同时也为联网的各个工作站提供了软硬件资源共享的便利。在进行服务器选择时，我们通常会优先考虑那些具有高容量、高处理速度和出色稳定性的代理服务器。

3. 工作站

工作站作为一种计算机设备，也被称为终端设备。它将网络系统的资源通过网卡和传输介质联接至网络服务器，以实现资源共享。

4. 传输媒介

传输媒介分为有线媒介和无线媒介两类，通常采用有线媒介，因其具有高度的稳定性和可靠的连接性能。无线媒介主要用于远距离通信，如卫星通信等。双绞线、同轴电缆以及光缆是广泛应用于有线传输的三种媒介。

5. 路由器

路由器作为计算机网络设备和电信设备之间电气连接和信息传递的核

心，承担着地址查找、信息包翻译和交换等重要职责。

6. 集线器

共享式集线器是一种多口中继器，它可以通过一条共享的总线实现简单的加密和地址保护。

7. 交换机

交换机和集线器的功能相同，它们的出现旨在提升网络性能的同时保护原有设备投资，降低网络响应速度，增强网络的负载能力。

（二）关键技术

在建立企业网络时，采用的网络技术包括 VLAN、DHCP、NAT、ACL、RIP 等，这些技术都是为了提高网络的性能和效率。

1. VTP 技术

VTP（VLAN Trunking Protocol）是一种虚拟局域网中的中继协议，它被广泛应用于虚拟局域网的主干道路上，该协议为思科公司的专属协议。在企业网中，数十台交换机需要进行 VLAN 配置，工作量巨大。

VTP 可以以三种不同的方式运行：VTP 服务器、VTP 客户端和 VTP 透明模式。新的交换机在出厂时预设的配置为 VLAN1，而且 VTP 模式被设置为服务器模式。在一个 VTP 域内，只能有一个 VTP 服务器来管理整个网络。VTP 服务器负责维护 VTP 域内所有 VLAN 信息列表，可以进行 VLAN 的创建、删除和修改，并发送和转发相关的通知消息，以同步 VLAN 配置，并将配置保存在 NVRAM 中。尽管 VTP 客户端也保存所有 VLAN 信息列表，但其 VLAN 配置信息是从 VTP 服务器处获取的，因此 VTP 客户端无法进行 VLAN 的创建、删除或修改，但可以传递通告并同步 VLAN 配置，不会进行任何保存。

2. STP 技术

STP 是生成树协议的英文缩写。该协议可用于构建树形网络拓扑，以消除网络中的环路，并可通过特定方式实现路径冗余，但并非必然可行。生成的树协议适用于所有制造商的网络设备，其配置和功能强度存在差异，但在原理和应用效果上是一致的。STP 的基本原理在于，利用一种特殊的协议报文在交换机之间传递，以网桥协议数据单元（BPDU）的形式确定网络的拓扑结构。BPDU 有两种：配置 BPDU（Configuration BPDU）和 TCNBPDU。前者用于无环生成树计算，后者用于二层网络拓扑改变后生成用于 CAM 表项刷新时间的缩短（从默认 300 s 缩短到 15 s）。

3. RIP 技术

路由信息协议是一种被广泛采用的内部网关协议（IGP），其在网络通信中扮演着至关重要的角色。IGP 是一种内部网络上的路由协议，它能够通过不断地交换信息，使路由器动态地适应网络连接的变化，从而获取每个路由器可到达的网络范围和网络距离等信息。RIP 是一种应用层协议，它采用 UDP 作为数据传输的协议。由于它提供了许多其他类型的功能，所以它已经成为目前应用最广、发展最快的一个内部网络互连技术（RIP 是位于应用层的）。

4. HRSP 技术

热备份路由器协议（HSRP：Hot Stand by Router Protocol）是 Cisco 平台独有的一种技术，其作为 Cisco 平台的私有协议，为用户提供了高效、可靠的网络服务。在该协议中，存在多个路由器，它们构成了一个 HSRP 组合。在该组合中，仅有一台路由器负责转发用户流量，这台路由器被称为活动路由器。如果活动路由器出现故障，则所有其他路由器都会参与到该网络上进行业务交换。在活动路由器失效的情况下，备份路由器将被赋予新的职责，即成为一个全新的活动路由器，以满足相关需求。这样就在不影响网络性能的情况下增加了一台活动路由器作为备份，这就是热备份原理。实现 HSRP 的前提是系统中存在多个路由器，这些路由器构成了一个"热备份组"，从而形成了一个虚拟路由器。在任何时刻，一个组内都仅有一个活跃的路由器，该路由器负责数据包的转发。如果活动路由器发生故障，备份路由器将被选来代替活动路由器。当主机出现故障时，会自动地从其他的组合中查找到与之相同或相似的备份路由器作为其替换者，以确保主机不受损失。因此，主机仍然保持着连接，未受到任何故障的干扰，从而有效地解决了路由器切换带来的问题。

5. VLAN 技术

VLAN 的中文名为"虚拟局域网"，它作为一种新的网络体系结构已经得到了广泛认可和发展，并逐渐成为当前网络研究领域内的热点话题之一。VLAN 是一项创新的数据交换技术，通过对局域网设备进行逻辑上的分割，实现了虚拟工作组的高效数据交换，这种技术可以使网络之间的资源共享更加灵活、方便。尽管新兴技术在交换机和路由器领域得到了广泛应用，但其主流应用仍然集中在交换机领域。因为传统的网络拓扑结构并不支持这种分层交换，而采用多层交换机就能解决这个问题。然而，仅有 VLAN 协议的第三层及以上的交换机才具备此项功能，其他交换机并不具备此项功能。利用 VLAN 技术，将公司各个部门分配到不同的子网中，可以实现信息的隔离和网络广播的扩散的隔离，从而保障了企业网的整体性能。

6. NAT 技术

网络地址转换（NAT）是一项将私有（保留）地址转换为合法 IP 地址的技术，它被广泛应用于各种类型的 Internet 接入方式和各种类型的网络中，可以实现广域网（WAN）的无缝连接。NAT 的优越之处不仅在于其完美地解决了 IP 地址不足的问题，更在于其能够高效地抵御来自网络外部的攻击，从而保护并隐藏网络内部的计算机。由于 IP 地址的紧张，电信运营商只给公司分配了一个公网地址，基于对网络技术的了解，我们一般使用一对多 NAT 技术。内网地址在访问外网时被转换为唯一的公网地址，从而实现内网对互联网的访问。

（三）网络结构

当前，企业内部网络的构建结构主要包括工作站/文件服务器架构、客户端/服务器架构、对等网络架构以及主机/终端系统四种形式。

1. 工作站/文件服务器架构

在此类网络中，一台运行着特定网络操作系统的计算机被用作文件服务器，当其他用户登录该计算机后，就能够访问该计算机的文件。这样，一台运行操作系统的机器就成了一个文件服务器端。然而，由于文件服务器计算机并未进行任何网络应用处理，因此其功能相对单一，缺乏多样性。

这一类网络的优点集中体现在以下两个方面。

（1）网络管理员有权根据需要，为不同的访问者授予独特的文件访问权限，以确保数据的机密性和安全性得到充分保障。

（2）网络具有较高的可靠性和相对简单的管理方式。

然而，这类网络的不足之处也显而易见，包括以下三个方面。

（1）网络的运行效率并不尽如人意。随着网络中大量用户对文件服务器中的数据进行访问，网速将会遭到严重的削弱。

（2）在网络中，各个工作站之间无法实现资源的共享和互通。

（3）未能充分发挥文件服务器的计算功能，导致其性能表现不尽如人意。

2. 客户端/服务器架构

以下是客户端/服务器端网络系统的主要特征。

（1）当前主流的操作系统普遍采用此种架构，如 Windows2000/2003 Serve 等。

（2）该系统支持多种客户端操作，包括但不限于一台个人电脑或一个工作站，同时还支持多种操作系统，如 DOS 等。

（3）不仅可以实现客户端和服务器端之间的双向通信，而且各个客户端之间也可以直接进行通信，无需服务器的介入。

（4）由于服务器和客户机共同承担了许多应用任务，因此系统的响应速度得到了极大提升，同时对客户机的要求也得到了有效的降低。

（5）该系统具有较高的可扩展性，能够满足各种需求。随着系统规模的扩大，无需对系统进行重新设计，只需将服务器与客户机连接至网络即可。

3. 对等网络架构

在对等网络中，缺乏专门的服务器，每个工作站均具备服务器和工作站的双重身份，因此可以相互通信和资源共享。随着互联网技术的发展，人们越来越希望能够通过计算机实现网上信息交流和资源共享，因此对等网络得到了迅速的发展。对等网络之所以备受青睐，还因为它的安装和维护过程极为简便，无需借助专门的服务器。该网络存在的缺陷在于其安全性不尽人意，同时其功能也相对薄弱。

4. 主机/终端网络架构

主机/终端网络已经发展的相对成熟，其可靠性、容错性、安全性、开发手段以及数据库管理等都已经形成了一套完备的体系。因此，这类网络在民航、银行、军事等大型企业中得到了广泛运用。

三、企业局域网规划与搭建

为了实现网络设备的统一，企业局域网的设计方案中最好完全采用同一厂家的网络产品。全网使用同一厂商设备的好处是可以实现各种不同网络设备功能的互相配合和补充。

（一）网络拓扑设计

1. 网络拓扑结构

网络拓扑结构（Network Topology）是指用传输介质互连各种设备的物理布局。如果两个网络的连接结构相同，我们就说它们的网络拓扑相同。

2. 企业网络设计方案

一般企业网设计方案主要由四部分构成：交换模块、广域网联入模块、远程访问模块、服务器群。在作网络规划时，首先要设计一个公司的网络拓扑结构。各个公司情况不同，业务应用不同，故而其拓扑结构也肯定各有不同。现在，我们以某个中小型公司为例，在满足一般网络通信要求的情况下，其整个网络系统的结构图如图 5-2-1 所示。

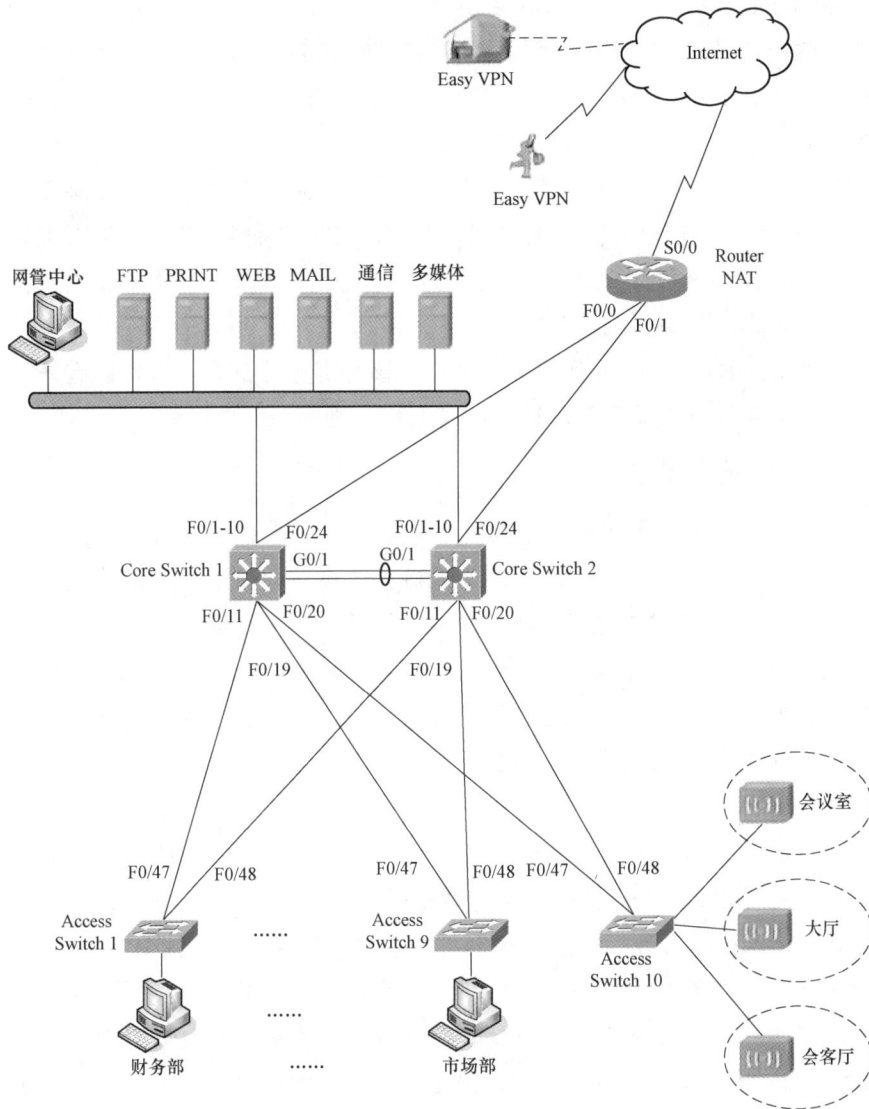

图 5-2-1 企业网络拓扑图

将企业主干网和建筑物分布子模块紧凑地集成到 Core Switch 层中，使企业主干和建筑物分布子模块之间缺乏明显的分离，且企业主干子模块中商品的密度受到限制，因此这种设计的可扩展性也会受到限制。但是，这种设计可以在满足中小型企业需求的前提下，节省交换机成本，这个模型的成本、效率在可扩展性和投资保护之间实现了一种平衡。

由于具备交换机和链路冗余，这个设计使企业主干子模块在遭遇任何单点故障时都能够保持网络的稳定运行。

星型拓扑结构的应用，相较于其他拓扑结构，在用户接入网络时表现出更大的灵活性。当系统不断演化或发生重大变化时，这种优势将变得更为显著。

在接入层，Catalyst 2960 系列交换机运用生成树的技术，为第二层提供了冗余机制。当然，它也并非完美无瑕，Catalyst 2960 系列交换机的最大限制在于其交换阵列容量仅为 32 Gbit/s。然而，对于那些财力有限的中小型企业而言，这一系列已经足以满足其需求。

采用 Catalyst 4506 系列三层交换机在核心层进行部署，则可以有效提升网络的可扩展性、性能和可用性，同时也可增强网络的安全性。

（二）IP 地址规划

随着网络办公在企业中的重要性不断提升，越来越多的企业开始建立内部局域网。然而，由于一些企业缺乏网络管理和规划经验，加上新上任的网络管理员对 IP 地址的规划管理不够重视，导致在扩展网络或增加服务时出现 IP 地址不足或不合适的问题。随着时间的流逝，缺乏结构化的编制将导致日常维护管理的成本和难度不断上升。所以一个企业在建设内部局域网时，最好一开始就对其 IP 地址进行合理的规划和分配。下面，我们以一个中小型公司的业务应用来说明 IP 规划的方法。

假设某个中小型企业内部分设有信息部、行政部、生产部、营销部和财务部五个主要业务部门。公司已经通过三层交换机成功接通 100 Mbps 光纤骨干的外网。那么，在我们的网络策划方案中，首先要将企业的 IP 地址按端口分配成不同的五个网段。每个端口都分别连接一台员工的交换机，全公司分配五个子网，统计每个部门大约有多少台需要连接网络的电脑来规划各段网络 IP 的具体数量（可以按实际的数量来，但我们建议在条件允许的情况下，分配时最好要比实际的客户端多规划一些，以便于将来的应用扩展或员工用户增加)。假设,该公司接外网的 IP 地址是 192.168.109.1/24,那么各端口的网关和用户 IP 地址分别如下。

信息部:目前实际六台接入电脑,预规划为 10 台。

LP:192.168.10.2~192.168.10.22,子网掩码:255.255.255.0,网关:192.168.10.1。

行政部:目前实际 20 台接入电脑,预规划为 30 台。

IP:192.168.20.2~192.168.20.32,子网掩码:255.255.255.0,网关:192.168.20.1。

生产部:目前实际接入 20 台电脑,预规划为 30 台。

IP:192.168.30.2~192.168.30.32,子网掩码:255.255.255.0,网关:192.168.30.1。

营销部:目前实际接入 25 台电脑,预规划为 35 台。

IP:192.168.40.2~192.168.40.37,子网掩码:255.255.255.0,网关:192.168.40.1。

财务部:目前实际接入 5 台电脑,预规划为 10 台。

IP:192.168.50.2~192.168.50.12,子网掩码:255.255.255.0,网关:192.168.50.1。

(三)服务器操作系统设置

在服务器方面,我们采用了 Windows server 2003 网络操作系统,关于 Windows server 2003 特点如下。

1. Windows 2003 Server 安装

从安全因素考虑,最好从光盘启动计算机安装一个全新的 Windows 2003 Server。

第一步:为网络 OS 选择或创建一个分区

在复制完安装文件并重新启动后,用户可以单独创建一个新分区,也可以利用现有的磁盘分区。根据 Windows 2003 Server 系统的配置要求,安装空间至少需要 1 GB,再加上一些其他的软件安装要求,建议至少选择 5 GB 来划分系统空间。然后选择文件格式,推荐使用 NTFS 文件格式的分区。

第二步:选择区域设置

选择正确的语言、正确的时间区域。

第三步：设置个人化软件

在这里，可以输入管理用户的姓名，也可以输入公司的名称。

第四步：选择系统的授权模式

授权模式可以是按每个客户来，也可以是按每台服务器来申请授权。

第五步：输入计算机名称

建议在计算机名中只使用 Internet 标准的字符，字符位不超过 15 个。

如果这台服务器是某个网络域的一部分，且包含多个操作系统，那么每个操作系统使用的计算机名必须各不相同。

第六步：设置系统管理员账户密码

为了具有最高的系统安全性，密码应采用大写字母、小写字母和数字以及特殊字符的组合方式。

系统会自动创建了一个名为"Administrator"的管理员账户，它具有管理计算机全部配置的权限。管理这台计算机的人员一般使用此 Administrator 账户，故而必须注意这个账号的安全性。

第七步：选择网络系统组件

TCP/IP 网络用户需要的组件包括 DHCP、DNS 和 WINS，这些组件是构建网络所必需的。

第八步：设定系统运行的时间和日期

正确设置日期、时间和时区，需要在"日期和时间设置"对话框中进行操作。如果用户希望系统在夏令时期间自动调整时间，请勾选"根据夏令时自动调整时钟"的复选框。

第九步：设定系统的网络选项

如果允许 Windows 2003 安装程序进行 IP 地址的分配或获取，那么在"网络设置"对话框中，点击"典型设置"选项。在进行 Windows 2003 安装程序时，会自动检查域内是否已经配置了 DHCP 服务器。如果在域内存在 DHCP 服务器，那么该服务器将分配 IP 地址。如果网络中没有可用的 DHCP 服务器，计算机将会使用自动专用 IP 寻址（APIPA）功能自动分配一个 IP 地址。

第十步：明确系统的操作小组名称或域名

管理员需要在选择本机所属工作组或加入域的同时，指定相应的工作组名或域名，以便获得组网支持。

2. Windows 2000 Server 服务器配置

由于中小型企业局域网中仅有一台服务器，因此在安装 Windows 2003

Server 系统后，必须将服务器配置为"域控制器"，以确保系统的稳定性和高效性。在 Windows 2003 Server 系统中配置域控制器，实际上就是安装"Active Directory"（活动目录）。在进行域控制器配置时，务必谨慎选择用户权限兼容模式。若所有服务器均为 Windows 2003 Server 系统，则应选择"仅兼容 Windows 2003 服务器的权限"选项，以最大限度地利用 Windows 2003 的最新特性。

只有在安装了活动目录并配置了域控制器后，服务器才能成为网络中唯一的域控制器，同时也需要配置好 DNS 服务。这只是服务器配置的开始，因为只有配置好域控制器，才能让服务器成为一个真正的服务器。以下是具体的系统配置时的操作步骤。

（1）配置服务器 IP 地址

在进行服务器与局域网连接之前，需要仔细检查网卡的 IP 地址设置是否符合要求。因为在安装系统时已经要求进行配置，这一步需要进一步验证。如果设置不符合要求，需要重新进行设置，其设置方法具体如下。

第一步，在"设置"菜单中，启动"网络与拨号连接"对话框，双击以打开相应的网卡连接项，从而弹出网络连接项属性配置对话框。

第二步，在对话框中，找到组件列表框中的"Internet 协议（TC/IP）"选项，接着点击"属性"按钮，会弹出一个属性页对话框。必须手动为服务器指定一个唯一、固定的 IP 地址，不能选择"自动获取 IP 地址"选项，通常情况下负责 IP 地址自动分配的 DHCP 服务器就是这台服务器本身（除非有其他规定）。

第三步，在这样一个小型、配置简单的局域网中，其他选项可以不必进行修改，直接使用系统默认设置即可。建议在配置完成后点击"确定"按钮，并进行系统的重新启动，以确保 IP 设置生效。虽然系统不会弹出重新启动提示，但这是一种更加保险的做法。

（2）创建用户账户

为了让各个工作站能够通过网络连接，必须在服务器端事先设置好工作站上各个用户的账号，以便后续使用。进行配置的方式是通过打开 "Active Directory 用户和计算机" 应用程序来完成的。

第一步，要开始创建用户，需要首先进入"Active Directory 用户和计算机"应用程序。随后，可以右击"Users"选项（或在详细列表框中右键单击空白处），并在"新建"快捷菜单中选择"用户"选项来创建新用户。这个操作会打开一个对话框，让用户添加信息。

第二步，点击"下一步"按钮，系统将会弹出一个对话框，里面通常要求用户勾选"用户下次登录时需要更改密码"的选项以确保密码安全。只有用户自己知道的密码才能被重新设置，这保证了密码的私密性。尽管系统管理员有权限更改用户密码，但只有在特殊情况下（如用户忘记密码）才会进行修改，因为遵守职业道德原则是他们的首要考虑。常规情况下，系统管理员不会轻易更改密码。

第三步，如果已在服务器上安装了 Exchange 服务器，当点击对话框中的"下一步"按钮时，会出现一个新的对话框。系统默认会勾选"创建 Exchange 邮箱"，这将为新用户创建一个企业邮箱账户。如果不想为该用户创建邮箱，可以不勾选这个选项，可以让其他选项使用系统预设设置。

第四步，先单击"下一步"按钮，会弹出一个对话框，确认用户创建完成后，再单击"完成"按钮即可完成用户的创建过程。

（四）企业局域网的安全防护

随着企业对于信息化技术了解的深入，很多企业都提高了对自身局域网网络安全的重视程度。可是即便这样，对于企业内网来说，依然存在大量的不安全因素。以下是一些应对企业内部网络安全挑战的措施。

（1）注意内网安全与网络边界安全的不同

内网所面临的安全威胁与网络边界所带来的威胁有所不同。网络边界安全技术的主要目的在于防范来自互联网上的攻击，尤其是针对公共网络服务器（如 HTTP 或 SMTP 等）的攻击。由于内部局域网中存在大量不同类型的主机及各种应用系统，所以一旦发生内网被入侵事件，其危害程度就非常大。由于内网资源有限，要想阻止入侵，必须从内部人员做起，对内网进行防御也就成为当务之急。通常情况下，黑客攻击事件会先通过控制局域网内的一台服务器来实现，然后以此为目标对其他计算机进行攻击。因此，必须在网络边界实施全面的黑客保护措施，同时建立并加强内部网络安全策略。

（2）为合作企业网建立内网型的边界防护

很多时候，因为一些业务开展的原因，企业会给合作伙伴一些进入内部资源的访问权限，这一方便措施就成为黑客攻击的有利条件。如果企业无法掌控合作伙伴的网络安全策略和行为，那么企业就应该为每个合作企业建立一个 DMZ，以限制其访问和执行权限。

（3）限制 VPN 的访问

虚拟专用网（VPN）用户的访问，对企业内网的安全构成了极大的威胁，这在实际应用中已经得到了充分的验证，必须避免为每个 VPN 用户提供对内网的完全访问权限，并根据其业务需求，分别授予他们所需的适当访问权限级别。

（4）首先保护重要资源

如果一个企业的内部网络连接了大量的计算机，那么管理员要想对每一台主机进行锁定就会变得非常困难。通常来说，大型企业网的安全问题会有一些特别需要关注的方面。首先需进行服务器效益分析评估，对内网的每一台网络服务器进行全面的检查、分类、修补和强化，以确保系统的稳定性和可靠性。寻找那些具有重要意义的网络服务器，如那些能够实时跟踪客户的服务器，并对它们进行限制和管理。通过精准的资产评估，确保企业最为重要的资产得到保护。

（5）自动跟踪的安全策略

网络安全实践的有效实现取决于智能自动执行的实时跟踪安全策略，而商业活动的现状则要求企业采用自动检测方法来监测商业活动中的各种变化。因此，安全策略也必须与其相适应。监控网络利用情况，记录每日网络活动，以确保安全策略得到遵循。

（6）关掉无用的网络服务器

许多企业在规划局域网时，将功能设计得非常庞大，能够同时支持四到五个服务器传送电子邮件，有些企业网还会出现监视 SMTP 端口几十个服务器的情况。这些主机中很可能存在着可以被攻击的邮件服务器，若某个计算机并不具备相应的服务器功能，可以考虑将它关掉。

（7）建立可靠的无线访问

对网络进行审查，以确立无线访问的基础。确保无线网络的强制性和可利用性，同时提供安全的无线访问接口，以排除那些没有实际意义的无线访问节点。在边界防火墙之外设置访问点，并提供 VPN 技术的访问权限，以确保用户的安全。

（8）可靠的安全决策

有些用户可能缺乏网络安全知识，不了解代理网关和分组过滤防火墙之间的差异，但作为企业的合作伙伴，他们需要方便地使用公司的内部网络。因此，合理规划内网，引导他们自动响应网络安全策略是至关重要的。

（9）建立安全过客访问

对于过客不必给予其公开访问内网的权限。如果因为业务或监管不善的原因，某技术人员给了客户一些非法的访问权限，则应在边界防火墙之外建立过客访问网络块。

（10）创建虚拟边界防护

攻击者主要瞄准主机作为攻击目标，可以将精力放在如何防止攻击者通过攻击已受攻击的主机来进入内网，而不是试图完全避免主机受到攻击上（这是不可能的）。因此，企业需要解决企业网络使用和建立虚拟边界防护的问题，以保障企业经营范围的安全。确保企业与市场之间的访问权限得到控制，并建立不同商业用户群之间的网络边界防护，这是一项至关重要的安全措施。

第三节　企业自动化协同办公的建设

企业的运营，除了商品的生产和营销外，日常办公是企业维持运转必不可少的一个环节，能够实现自动化办公、无纸化办公的企业协同办公系统就应运而生。企业的协同办公管理系统以信息流为纽带，将企业乃至下属所有机构连接成一个高效互动的整体网络，使传统管理模式发生根本性变革。

一、企业自动化协同办公系统基础

（一）企业自动化协同办公系统概述

1. 自动化协同办公系统的定义

自动化协同办公系统是一种面向企业日常运作和管理的应用系统，它是员工和管理者最常使用的应用程序。从 1985 年国内召开第一次办公自动化规划会议以来，自动化协同办公软件在应用内容的深度和广度以及 IT 技术运用等方面都有了诸多变化和发展，已经成为企业日常办公中不可或缺的核心应用系统。

2. 自动化协同办公系统的优势

（1）工作过程自动化

在手工办公的情况下，文档的检索存在非常大的难度。利用自动化协同办公软件系统，可以将各种文档电子化处理，通过建立电子文件柜的方式进行文档管理，并根据权限进行使用和共享。举例来说，如果企业使用了自动化协同办公系统，当新员工加入单位时，管理员只需要注册他的身份和口令，他就能够通过网络访问企业内部的各种资料。

（2）工作内容协同办公

自动化协同办公软件系统支持多分支机构、跨地域的办公。当今地域分布越来越广，移动办公和协同办公成为一种很迫切的需求，如果能将文件保存在网盘或同步盘中，就能随时随地查看文件，使相关的人员及时获得信息，提升企业的反应速度和决策能力。

3. 自动化协同办公系统的特性

（1）可行性和适应性

所谓可行性，是指需求提炼时，应该适合核心需要，满足主要功能，而不是超越当前技术水平。

所谓适应性，是指产品的实施条件和应用条件要吻合企业当前的环境，超越环境注定要失败。

核心需求的吻合度，是协同自动化办公软件系统价值兑现的保障，用户在工作流程、公文管理等方面的核心需求的满足度是项目成功的基础。

（2）前瞻性和实用性

开发设计协同自动化办公软件系统时，需充分考虑系统的综合价值，同时考虑系统的功能扩展、应用扩展和集成扩展等多方面的延伸；实施过程应始终以应用为导向，依托应用部门，注重实际效果。考虑到成本和项目周期等因素，我们需要在功能部署方面遵循实用主义，以达到兼顾的效果。

（3）先进性和成熟性

先进的管理理念、技术和方法，可以提升企业的竞争力，延长系统的生命周期。任何创新都有风险，因此要注意软件系统、硬件设备、开发工具、软件产品是否成熟，在先进性和成熟性之间找到平衡点。

（4）开放性和标准性

"数据孤岛""信息孤岛""应用孤岛"已经成为多年信息化建设的后遗症问题，而解决这些"孤岛"的关键因素在于开放和标准化。

协同自动化办公软件系统是否足够开放和标准化，是架构设计时首先需要考虑的问题。

在当前和未来，协同自动化办公软件系统需要与各种操作系统、中间件、数据库、业务系统及工具软件进行平滑对接，当前主流的厂商都在这方面做了充分的考量。

（5）可靠性和稳定性

由于协同自动化办公软件系统处理了大量的管理数据，因此必须保证其可靠性，不应受到一般人为因素或外部异常事件的干扰而导致系统崩溃。系统一旦遭遇故障，要能够在短时间内恢复，保证其可靠性和稳定性。

（6）安全性和保密性

在开发设计协同自动化办公软件系统时，不仅要确保信息资源充分共享，还要注意信息的保护和隔离。为此，需要根据不同的应用、网络通信环境和存储设备采取不同的措施，包括建立系统安全机制、实施数据存取的权限控制等，以确保系统的安全性和保密性。

（二）企业对协同办公系统的选择方法

市场上的自动化协同办公软件系统越来越多、良莠不齐，那么，企业如何选择一款质量合格、功能又适用的协同办公系统软件呢？

1. 中小企业如何选购

（1）关注本质

对于软件选购的具体负责人，他不仅要懂得信息技术，还要了解信息技术应用的相关规则，要深刻认识到协同办公软件是全员信息化，其本质是全员工作模式和企业管理模式的一次变革。在自动化办公系统的选购过程中，要征询大家的意见。

自动化协同办公软件的本质是流程、门户管理，其中流程是其核心本质。自动化协同办公软件项目的成败本质与其他管理软件一样，都在于产品，再好的品牌，如果产品缺乏竞争力，实施的效果也会大打折扣。

（2）核心价值

自动化协同办公软件的应用范畴涉及所有员工，是全员信息化的第一个台阶。既然是全员应用，提高全员的工作效率而不是某个部门、某个领导、某个人的效率便成为自动化协同办公软件的核心价值定位。如果以通用性和经常性两个维度对自动化协同办公软件的功能进行筛选的话，该软件的核心应用是：流程审批、协同工作、公文管理（国企和政府机关）、沟通工具、文档管理、信息中心、电子论坛、计划管理、项目管理、任务管理、会议管理、关联人员、系统集成、门户定制、通讯录、工作便签、问卷调查、常用工具

（如计算机、万年历等）。

如果以给企业带来价值大小的纬度对所有功能模块评估的话，工作流程模块、协同工作模块、项目管理模块为企业带来 80%的价值，其余的模块带来 20%的价值。

因此抓大放小，重点考察工作流程、协同工作、项目管理的技术水准，成为产品选型的不二选择。

（3）成本控制

许多公司的 CIO 或信息化负责人通常只关注协同办公软件的项目预算和供应商报价，而忽略了软硬件环境成本、培训和实施的时间成本、维护和服务成本以及未来升级、数据迁移和集成开发成本等诸多因素对总成本的影响。这种做法往往导致他们"只见树木，不见森林"，最终可能会因为忽视这些因素而付出更高的代价。

在挑选管理软件和硬件设备时需要考虑的要素各不相同。在选择硬件设备时，成本通常是关键因素，但选择管理软件时应优先考虑软件应用的价值，而非价格。

在挑选自动化协同办公软件时，一般建议参考行业内的惯例，不去选择价格最高和最低的，而是选择总体成本可控的供应商。这有助于更有效地控制采购成本。最为有效的成本控制措施是挑选具有竞争力的产品，不应盲目追求低成本而选购廉价产品，也不要仅仅因为心理需要而追求过高的价格。

（4）售后服务

自动化的协同办公软件系统能够提供稳定的服务，确保软件长时间、深度地运行，且不会出现问题，能否保证软件稳定运行和提升用户满意度取决于软件服务的高效程度和优质程度。

自动化协同办公软件系统服务的提供需要综合考虑该软件厂商的软件产品、技术实力、项目经验以及管理水平等多方面的因素。

2. 大型企业如何选型

（1）建议选择专门从事自动化协同办公软件开发的供应商，这样可以保证企业获得更专业、更高质量的服务。

（2）系统需具备高度成熟性和可靠性，以支持大量用户同时在线使用。

（3）系统应该为企业提供门户功能，以满足多个层级用户的需求，并实行严格的权限管理和安全措施，以确保不同层次的用户能够安全使用系统。系统需要具备高效的流程管理能力，以充分满足企业的流程规范和优化需求。

（4）该系统需要具备平台化的特征，采用多层次的构架，且必须具备高度开放性和灵活性。

二、第三方应用系统数据整合

企业协同 OA 软件可以整合第三方应用系统数据，这是通过与第三方应用系统数据库建立连接来实现的。用户可以建立很多个数据源，不管这个数据源是 MySQL、SQL Serve 还是 Oracle，也不用管第三方应用系统是 C/S 架构还是 B/S 架构，都可以与之建立数据源。

建立数据源的链接后，就可以设置数据关联，让 OA 系统自动提取第三方应用系统的数据。这样，当 OA 系统流程中表单的一个字段值发生变化，其他一个或多个字段也会跟着发生变化。

企业协同软件中生成的数据还可以写到第三方应用系统中，这个功能是通过后台触发程序来实现的。后台触发程序分为两类：画面后台触发程序和流程后台触发程序。每个画面都可以设置一个后台触发程序，一个模块可以设置一个流程后台触发程序，其提供了审批完成前、审批完成后、每步审批完成前、每步审批完成后等处理接口。

（一）自定义平台

企业自定义平台是一款灵活的业务系统创建、流程管理以及数据整合平台。在此平台上，用户可以在不需要编写代码的前提下，高效且高质量地建立个性化的应用系统，并整合流程与数据。该自定义平台基于 J2EE、SOA、MVC 和 Web Service 技术，并采用了框架＋组件构成的"魔方架构"。这让企业能够主动地应用以及优化协同软件，以便灵活地调整管理策略，实现办公、业务、决策的一体化管理。

同时，自定义平台使协同软件时刻保持最佳的适用性和易用性，这将软件的总体使用成本降到最低。

（1）主要功能

① 能够建立子系统。

② 能够建立模块画面，包括录入画面、浏览画面、类别画面。

③ 在浏览画面中能够增加自定义按钮，自定义按钮能够传入参数并打开关联画面。

④ 建立的画面能够自动生成系统 URL，将 URL 写入系统的菜单内，能够将建立的画面挂到菜单上，形成系统的一部分。

⑤ 不仅可以整合 OA 系统中其他模块的数据，还能够利用外部数据源与第三方数据库进行数据交换。

⑥ 集成工作流的全部功能，审批状态、审批人、审批步骤等数据实时与表单数据同步。

⑦ 实现表单、数据、报表的集成，实现功能完善的业务管理系统。

（2）功能特点

面向应用：利用成熟的 OA 系统组件作为基础，用户可以轻松地构建符合自己需求的应用系统。

关注业务：将注意力集中在业务逻辑上，而不是花费大量时间和精力在画面和程序开发上，这极大地减少了开发工作量。

自由扩展：不需要依赖于厂商的二次开发，只需进行简单的个性化定制即可轻松地创建现有管理模块和新模块。

轻松实现数据集成：只需进行简单的配置即可将协同系统内部和第三方业务系统的数据紧密融合在一起。

快速原型技术：该技术能够通过快速建立画面来确认需求，避免繁琐的文档撰写，使需求确认和实现同步完成，更加直观、准确。

集成工作流：实现工作流与业务系统的深度融合，提升业务系统的综合性能、灵敏度和适用性。

（二）系统管理

组织机构：单位的部门分布方式可以被称为组织架构。部门的层级结构是树形的，可以在任何一个部门下创建子部门，并指定该部门的具体用户和经理。

用户账号：可以为新员工创建账户，可以重设密码来帮助那些忘记密码的用户；有权更改用户所属的权限组和部门，可以录入员工的个人资料。

岗位设定：可以根据单位实际的岗位情况，建立分层的岗位结构，在公文处理、审批流程等方面采用岗位的方式来设定流程，这样就能避免岗位人员变动导致的流程停滞情况发生。在企业软件系统中，引入了相对岗位的概念，如申请者的上级领导和当前审批者的上级领导。

权限组：不同的权限组可以用来为不同的用户分配相应的权限，以确保他们拥有与其身份相匹配的权限。本系统的权限设置非常灵活，用户可以自由定制每个权限组的权限，不仅包括菜单项，还能够设置每个画面和功能的访问权限。功能用户若无权，则无法查看或使用相应功能。

企业在权限组方面的优势是：它可以对菜单和界面上的每个按钮进行详细的权限设定。

系统日志：跟踪系统的操作记录，方便用户了解系统的使用情况，也可以监控系统中所有用户的登录和退出时间以及每个用户在登录时所进行的操作。系统日志不仅记录了使用者的 IP 地址，还详细记录了其所在地区。

管理员设置：管理员可以进行单位名称的设置；设定通知审批的规则，批准公告的设置；设定内网 IP 地址范围，规定工作日的出入时间；提供实用工具的网址链接；管理员可以删除、编辑和置顶通知、新闻、公告、消息等内容，即使没有得到发布者的同意；限制每个用户在服务器上使用的硬盘容量，同时限制每次上传文件的最大尺寸；可以设定通知、公告、新闻的审核人员，当审核开关打开时，用户在发送信息前需要先经过审核人员的审批。只有审核通过，信息才能够发布，以确保管理规范化。对于管理要求不严格的客户，可以选择关闭审核功能（系统默认为关闭状态），以便快速发布信息。

三、OA 办公自动化系统平台的选择

在进行办公自动化系统选型时，首要任务是明确系统平台的方向。否则，若不加以妥善处理，可能会导致后续工作出现严重偏差。

目前，协同办公软件的系统平台分为两大类，涵盖了五种不同的类型。

第一种类型，邮件通信领域，可以分为两种类型：一类是以 IBM Domino（即 Lotus Notes）为基础的，另一类是以微软 Exchange 为基础的，这两种类型都以群件为主要特点。Domino 是一款源自邮件系统的产品，类似于文档数据库，最初是 OA 系统的主要组成部分。随着 OA 应用的发展，许多基于 Notes 和 Domino 的 OA 产品也应运而生，其功能也不断完善，从最基本的收发文、信息共享逐渐演变成具备较为全面的工作流等功能。Exchange 是一个完全基于微软平台的产品，主要功能是邮件服务器，但它还包含了一些增强功能，并且有一些企业基于它开发了一些 OA 产品。

第二种类型的产品是建立在开放平台上的，主要使用 J2EE（Java）、微软的.Net 平台（严格来说，其中部分产品是基于 ASP 而非.Net），以及其他一些

编程语言来进行开发。这些系统的实现都依赖于程序开发语言，而后台则采用诸如 Oracle 和 SQL Server 等标准数据库，并且采用了 B/S 三层架构的标准架构设计。

下面将对这两类五种平台的特点和适用范围进行简要介绍。

Domino：使用 Domino 的优势在于基于该系统已经形成了很多成熟的产品。早期的 OA 应用大多以基本协同工作和信息共享的产品为基础，因此，它曾是这一领域主要的选择，这是从历史角度来看的。近期，缺点逐渐显现得更加明显，这主要是因为它不是一个开放的系统，无论是数据利用还是与其他应用系统的协作，都面临着巨大的困难，系统的灵活性也受到了一定的限制，这给新功能的二次开发带来了挑战。购买正版的 Domino 软件需要投入相当大的资金，如果企业有十分明确的功能需求，且 Domino 系统可以为之提供足够成熟的产品，那么这也是一项非常值得的投资。

Exchange：它具备一些与 Domino 相同的优势，但同样也存在与 Domino 相似的不足之处。从其发展历程来看，它并不像 Domino 及 Notes 那样成为主流产品，现在市场上基于它的 OA 产品数量极少，它只能在 Windows 平台上运行。如果没有一个产品能够完美地匹配这个平台，那么使用这种产品的理由就不充分。

J2EE：目前，软件开发的两大主流方向：一是 J2EE，二是.Net。尽管.Net 也有其影响力，但相比之下，J2EE 更为重要。目前，采用 J2EE 技术来开发应用软件，尤其是 OA 系统，已经成为主流趋势。它具有明显的优势，如采用标准化的数据库和开放的接口，可以轻松地与其他系统进行交互，可以方便地添加各种功能，具有高度的灵活性。尽管.Net 在许多方面非常出色，但是它无法像 J2EE 那样跨越多个平台运行（需要考虑与不同数据库的兼容性）。

.Net：除了只能在微软平台上运行这一缺点外，从应用角度来看，它与 J2EE 的优缺点很相似。然而，从专业开发人员的角度看，J2EE 似乎比.Net 更受青睐，因为使用.Net 开发产品可能会被视为技术水平不够高，而且.Net 技术的推广相对较晚，目前在 OA 上的应用还不够成熟。

市场上也有少量这样的产品，它们是在其他程序的基础上开发的。由于使用的开发语言或工具限制，所能实现的功能都很有限，这是一个极为严峻的问题。软件应用面狭窄，会引起二次开发和维护等方面的多种问题。

针对这五种平台各自的特点，我们提出了如下建议。

（1）对于大型系统，也就是那些功能多、用户多的系统，最好选择 J2EE

平台来实现。

（2）如果企业需要一款功能简单、与其他应用无关的小型 OA 应用，那么企业可以以功能为主要考虑因素，在 J2EE、.Net 和 Domino 平台的产品中进行选择。虽然功能差异不明显，但还是建议企业优先选择 J2EE 平台。

各种开发平台存在的不足之处如下。

（1）Domino 和 Exchange 平台产品的不足之处在于它们的可扩展性不佳，尤其是在与关系型数据库交换数据方面表现欠佳，这两个平台曾在 1998—2002 年期间占据了市场主导地位。

（2）PHP 和 ASP 都是通过网页与数据库进行交互，但它们存在一些缺点，如代码混乱、三层结构不清晰、业务处理与代码混合在一起等。因此，要增加或修改功能会变得非常困难，而且程序的扩展性也比较差。不过，PHP 的优点是运行速度快，可以跨平台，可以在 LINUX 和 UNIX 等操作系统上运行。

（3）JAVA-J2EE 的主要不足在于其对服务器内存的要求较高，而 JAVA 的跨平台特性则较为强大。

（4）.Net 在跨平台方面存在限制，只能在 Windows 环境下运行，而且速度较慢，对服务器硬件的要求也比较高。与 J2EE 相比，目前的.Net 还存在劣势。在选购时需要警惕伪.Net 产品，因为很多 ASP 开发的产品虽然宣称是.Net，实际上与.Net 存在着巨大的差距。

第四节　企业信息化应用培训

一、信息化应用培训概述

（一）企业信息化培训的定义

企业的信息化培训，是发生在企业内部的，以信息技术的具体应用作为培训内容，以企业的信息化系统作为培训对象，以提高企业的信息化应用程度、促进企业信息化建设为目标的特定专业知识和操作技巧的定点、定向传授过程。

（二）信息化培训的关注点

在企业信息化建设和应用发展这样一个背景下，作为企业领导必须具备信息化领导能力，利用信息化设备组织培训以及合理评价培训员工和企业管理人员的信息技术应用水平及其效果的能力，引领和示范合理高效地使用信息化资源的能力，简言之就是使企业在信息技术方面的投入取得应有的成效的能力。企业领导的信息化领导力，是在信息化环境中，企业领导所体现出的一种综合影响力和领导气质。

信息化培训不是一个孤立的工程，其成败与多种因素有关。为了提高领导的信息化领导力，推动培训信息化的全面开展，企业需要有系统的规划和行动，同时也要关注和思考以下几个方面内容。

（1）企业的培训课程是要关注的首要事项

领导要对培训信息化有全面的了解，包括我国基础教育改革和培训信息化的现状，同时也需要认识到培训信息化和基础培训新课程的培训改革之间的密不可分的关系。在新课程的背景下，将信息技术与课程整合起来，是培训信息化实践创新的具体体现。

（2）应该注重公司内部的教育培训

培训改革应该与企业的特点相结合。领导力在信息化培训方面的体现在于需要掌握信息化培训的基本模式，意识到信息技术应用需要以培训方式进行改革，同时也需要通过技术的有效整合来实现高质量的课堂培训。

（3）注重企业培训的受众对象

推动企业实现全面发展是信息化培训的目的。在推进信息化培训的过程中，建立以"学习"为核心的信息化学习环境，以促进学生全面发展，是培训信息化领导力必须重视和考虑的出发点——必须了解如何创建一个紧密结合企业、市场和业务的信息化培训体系。掌握网络技术，使培训讲师、受培训员工和部门主管可以多方参与和与部门互动，同时了解如何实现受培训员工的电子成长记录和全面发展轨迹。将企业信息化应用和新业务流程改革对员工发展的新要求转化为培训讲师和受培训员工的行为和基本素养，以便他们能够适应这些变化并为企业的发展作出贡献。

（4）要关注培训讲师

提升培训讲师在信息化领域的专业能力，以促进其个人成长和职业发展。在推进培训信息化的过程中，能否有效地落实培训师资的专业发展，将成为衡量其执行力的重要标准。培训师需要具备基本的技术应用能力和将信息技术整合到课程中的培训技巧，以应对新的要求和机遇。企业领导应该意识到，信息化培训讲师的成长对于培训领域的系统规划和信息化发展是至关重要的一部分。因此，企业需要制定相应的计划，以确保培训讲师能够自觉地利用培训信息化来提高执行力。

（5）要关注环境

在企业文化建设中，合理融入信息化培训环境是至关重要的。企业领导应该意识到，信息化建设的培训效果之一在于推动企业文化的转型。要使企业文化与信息化环境建设相互协调、相互促进，以实现信息化投入的最大化效益。

（6）要关注效益

对培训信息化投资的效益进行评估，需要时刻关注其切入时机。企业进行信息化培训需要投入大量的人力、物力和财力。企业领导应该充分认识到，对技术投入的效益进行关注是培训信息化系统规划必须要考虑的问题。

只有对硬件、软件、人员、课程和制度等多个方面进行全面设计，才能有效地推进企业信息化建设，培养出真正具备领导能力和专业素养的培训人才。

（三）企业开展信息化培训的重要保障

目前，将信息技术应用于企业培训已成为管理工作中不可或缺的一部分。在推动培训信息化进程的同时，企业需要负责寻找适宜的条件，以确保每位学员都能够达到最佳的学习状态。企业的领导者是指挥全局、引领企业发展的核心人物。对于企业信息化的有效应用和使用水平而言，公司高层及中层领导的作用、培训机制的建设以及环境氛围的塑造，都是至关重要的因素，关键还是企业决策层在其中的引领作用。

企业信息化工作的开展方向受到企业领导认识层次的影响，而制定符合培训规律的信息化制度则需要考虑培训讲师的工作需求和实际情况，只有这样才能被讲师认可并顺利执行。因此，企业必须完善信息化方面的制度建设和激励机制，以确保推进企业培训信息化工作的顺利进行。

将学习与实践相结合，是促进信息化深入发展的重要手段。企业信息化工作能否顺利进行，关键在于企业领导能否身体力行，领导需要了解各学科培训讲师的学习情况，并对全体培训讲师进行指导，同时利用数据对课堂培训及质量进行分析，以便化解难点和解决培训讲师的困惑，让他们切实感受到信息技术的魅力。

管理服务的信息化是确保效率的关键。企业信息化工作的快速发展，需要企业领导和相关管理人员紧密合作，协调管理和服务工作。

为推进信息化建设，企业应该在硬件设施和软件升级方面积极投入，为培训讲师提供更便捷的条件，并帮助他们克服实际应用中的难题和挑战。企业专业信息技术人员的学习和培训讲师的专业培训必须以培训讲师的实际需求为基础，以确保培训讲师能够正常地进行培训，同时学员也能够平等地分享优质资源。

利用信息技术推进企业升级转型需要培养专业知识的讲师，并扩展他们对前沿信息技术的知识面。结合实践研究企业的信息化系统，深入探讨技术培训与信息化建设的融合，激发讲师的成就感，为员工活学、活用信息化产品创造更好的条件。

二、企业信息化系统的常规内容

企业信息化培训的内容可根据各个企业自身的实际情况和具体业务需求而有所不同，但通常来讲，企业的信息化培训主要包含以下内容。

（1）企业管理变化的环境

① 世界经济新特点；② WTO 规则的影响；③ 信息化社会；④ 企业管理新趋势。

（2）知识经济时代的企业管理理念

① 知识经济时代；② 知识管理与创新；③ 知识管理项目的实施与知识网络。

（3）信息技术在企业管理中的应用

① 信息技术的应用；② 事务处理系统，知识工作办公系统以及管理信息系统；③ 决策支持系统，工作组支持系统和群体决策支持系统；④ 知识管理信息系统。

（4）认识企业信息化

① 企业信息化的含义；② 企业信息化的内容；③ 企业信息化是提升企业竞争力的重要手段。

（5）企业信息化的现状

① 信息化意识明显提高，信息化进程正在加快；② 信息化投资从 ERP转向市场营销及客户应用；③ 缺乏成熟有效的方法论指导；④ 投入较大，实施效果不够理想。

（6）企业信息化的构成

① 硬件、网络平台；② 系统软件平台；③ 操作系统；④ 数据库系统、工具软件；⑤ 应用软件平台。

（7）企业信息系统规划方向

① 决策层；② 管理层；③ 业务层。

（8）运用信息技术实现管理创新

① 企业的竞争力；② 利用信息技术增强管理创新；③ 企业资源管理理念；④ 企业的综合管理体系。

（9）企业内部控制信息化

内控信息化的实现形式和存在的问题：① 正确认识信息系统的作用；② 正确处理标准化问题；③ 正确处理各种信息系统的关系。

如何实现内控信息化：① 进一步建立良好的信息化环境；② 利用风险机制，扎实推进标准化工作；③ 建立利用系统进行持续性监督的机制；④ 建立内控制度管理平台；⑤ 培养内控信息化人才。

（10）企业流程再造

① 企业流程的特征；② 企业流程再造；③ 企业流程再造的方法和步骤；④ 企业流程的再造；⑤ 流程再造的应用。

（11）电子商务

① 电子商务的模块；② 电子商务的作用；③ 电子商务支付系统。

（12）知识经济中的企业管理信息化建设

① 企业管理信息化的意义；② 企业管理信息化项目的基础环境建设；③ 企业管理信息化建设配备的管理软件；④ 企业业务流程的优化；⑤ 企业管理系统的实施；⑥ 企业管理信息化建设的应用。

（13）企业管理信息化建设原则与信息安全

① 企业管理信息化建设原则；② 企业管理信息化建设项目的风险；③ 信息资源的安全管理与控制；④ 灾难以及应急计划；⑤ 计算机网络的安全与电子商务安全。

（14）企业信息化的建设过程

① 企业信息化建设的条件；② 准备工作；③ 项目规划和目标；④ 资源的调配；⑤ 开发过程；⑥ 系统上线；⑦ 系统管理。

（15）企业信息化建设常见的问题

① 规划问题；② 流程问题；③ 组织问题；④ 技术问题。

（16）信息技术支持下的服务创新

① 服务经济社会的到来；② 服务的定义及特性；③ 服务创新的内涵；④ 服务创新理论及创新要素；⑤ 信息技术对服务创新的支持；⑥ 信息技术在银行业中的应用。

（17）信息化战略管理框架与整体解决方案

企业信息化工作面临的主要困难：

① 管理层面的困难；② 技术层面的困难；③ 操作层面的困难；④ 企业信息化实施失败的管理原因分析。

信息化管理的定义与内涵：

① 信息化战略管理框架；② 战略一致性模型；③ 战略一致性匹配；④ 信息系统战略一致性管理框架。

信息化管理的成熟度模型：

① 企业信息化整体解决方案；② 企业信息化整体解决方案的定义和内涵；③ 信息化整体解决方案的具体内容；④ 信息化整体解决方案的实施途径。

三、对企业信息化业务系统的培训方法

信息技术飞速发展对企业的经营理念及方式产生重大的影响，对信息技术的认识，已经从支撑技术转化为企业核心竞争力的基本要素之一。当今企业已经离不开信息化管理，所以，我们必须大力开展对企业员工的信息化培训。

（一）培训流程

通常来说，信息化培训是为了让企业员工更好地了解自身企业的工作环境，增进对企业信息化产品的熟练度而开展的培训，其培训业务流程如图 5-4-1 所示。

（二）培训方案

（1）面对面培训

根据实际需要，公司的信息化主管可以与操作公司信息化系统的人员进行面对面的培训。

（2）视频培训

视频培训分为在线视频会议培训和视频光盘培训两种形式。视频会议培训与面对面培训本质相同，唯一的区别在于交流的方式不同，但效果相同。

企业可以将面对面培训的内容录制下来，并通过视频光盘的方式传递给其他子公司或下属部门，让他们通过观看视频去学习。

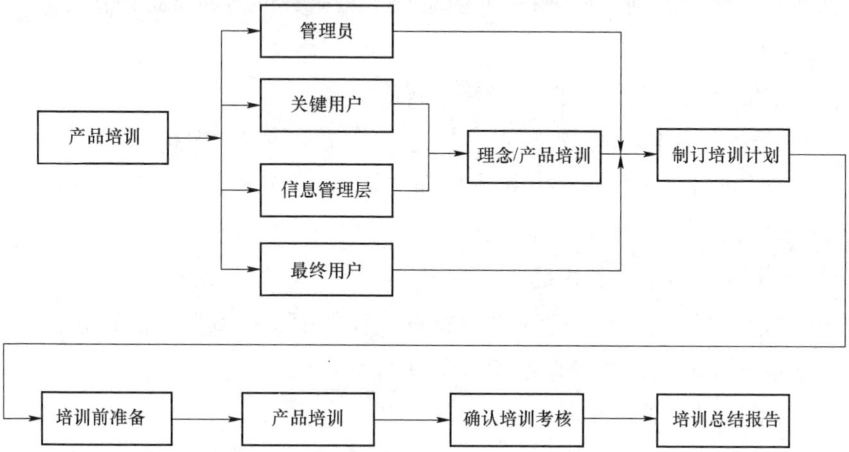

图 5-4-1　企业信息化产品培训流程

信息化主管部门或信息化业务培训讲师在开始培训前，需要先与系统开发公司或部门联系，了解系统的具体特性和操作方法，然后通过演示录像、用户手册、在线帮助等方式为广大企业和一般操作用户提供辅助学习。此外，信息化培训人员还可以与系统开发方公司合作，为员工提供全天候在线实时解答服务，以解决各种技术和操作问题。

（三）培训对象分类

1. 系统管理员

包括甲方的专业技术人员，主要负责系统日常维护的专业技术人员，保证系统的正常运转。

（1）培训目的

培训的目的是让人们能够掌握特定技能或知识，以提高其工作能力与质量。

（2）培训重点

① 了解系统建设的目标和基本内容以及在项目建设中的责任和作用。

② 掌握系统常用技术，达到熟练运用的程度。

③ 掌握系统软、硬件的维护技能是必要的。

2. 关键用户

针对实施培训项目的企业组成员：

（1）培训的目标

通过本次培训，旨在使参与企业培训项目的成员熟练掌握信息化业务软件的使用，了解整个培训过程的推进。

（2）培训的主要焦点

首先，企业将明确每个人在整个项目实施培训中的角色和职责。明确这点对于在公司中实现有效的知识传递至关重要，因为这能直接影响后续实施进度的推动。

其次，教授计算机的基础操作方法，以便利用计算机进行辅助办公，通过网络进行协同工作。

3. 信息管理层

（1）培训的目标

培训旨在帮助企业领导理解并体验信息化业务软件系统的运用，并理解精确管理思想如何贯穿于整个软件业务平台。

（2）培训的重点

首先，明确相关的信息化业务软件的基本概念，全面理解和认识到使用信息化业务软件的必要性和可操作性，同时也了解在线办公建设所面临的主要问题及对策。

其次，将介绍在线办公规划与实施的全过程，阐明在企业信息化系统建设和应用工作中需要承担的具体任务及其重点和难点。

最后，教授计算机的基础操作，以便利用计算机进行辅助办公，并通过网络进行协同工作。

4. 最终用户

（1）培训的目标

让员工了解在线办公的一般流程以及实际工作流程的优点，学习如何提高工作效率，掌握信息化业务软件系统的日常操作和应用，以及如何利用计算机搜索、储存和交换信息。

（2）培训的重点

首先，介绍系统的建设目标和基本内容，以及员工在项目建设中的责任和角色。

其次，教授计算机的基本操作，以及如何利用网络进行协同学习和工作。同时，还会介绍信息安全和标准化知识，以培养员工的安全意识和标准化观念。

最后，我们将教员工如何熟练使用各类相关的信息化业务软件系统。

第六章 "互联网+"背景下企业信息化建设的探讨

本章主要为"互联网+"背景下企业信息化建设的探讨，内容包括企业信息化建设的环境、"互联网+"背景下企业信息化建设方案的制订、"互联网+"背景下企业信息化建设面临的挑战以及"互联网+"背景下企业信息化建设的优化措施。

第一节　企业信息化建设的环境

全球的公司都正面临着由全球化经济带来的挑战和机遇：政策、法规在全球范围内不断变化；国际贸易的比重日益增加；环保问题逐渐被各国重视；跨文化和跨领域的人才需求也在上升；而技术方面，电子商务的市场份额呈现爆炸式增长，信息技术对企业的影响愈发显著。

对于国内的企业来说，其同时承受着外部挑战和内部市场的双重压力。政策逐步放宽，新信息技术不断发展，消费者购买模式正在改变，这些都是外部压力。从内部来看，企业需要降低运营成本以提高利润率：提供特色化、个性化的服务，并在售后环节提供优质服务；对供应商进行公开透明的管理以降低采购成本；缩短产品开发、上市和交付周期，以加速产品上市时间；通过创新来区别化产品，吸引客户。在"互联网"的新形势下，中小企业的电子商务工作在提升企业竞争力、降低运营成本、优化管理结构等方面尤为重要。

企业信息化的构建可以分为外部的电子商务平台和内部的企业信息管理平台两个方向。另外，内部的信息化建设还包括智能制造领域的自动化控制，在这里不做详细介绍。外部的电子商务发展已经非常成熟，各行各业的公司都会创建自己的在线平台，通过平台展示公司的主要信息、最新动态、产品展示和技术优势，有些公司甚至在平台上设立商城，利用互联网进行销售。对于内部的信息管理平台，企业将运用计算机硬件、软件和通信设备，对信息资源进行收集、传输、处理、存储、更新和管理，以此实现提升公司经济效益和竞争力的目标，这个平台支持公司的高层决策、中层管理和基层运营的整合。管理者可以通过信息化系统实时监控和管理企业的采购、生产、销售、客户维护、物流等各环节的数据，数字化的管理规则可以使管理更透明，同时简化各项流程，在满足客户需求的同时，提高企业管理效率。此外，通过网络传递公文，不仅节省了大量纸张，也节省了工作人员的时间，可以在提高效率的同时降低运营成本。在信息管理平台上，员工的经验技术和客户资源可以转化为企业内部资源。这既能提高员工的学习动力和创新性，又可以防止人员流动带来的工作停滞。因此，构建信息化网络平台能提升公司的运营效益，减少风险和成本，从而提升公司的整体运营水平和可持续发展能力。

第二节 "互联网+"背景下企业信息化建设方案的制订

若要使一个企业的信息化建设达到良好效果，首先必须进行周密的规划。企业信息化的规划不仅仅是简单地建立一个或几个信息系统这么简单，而是需要对企业的管理进行全面的重组和优化，以达到整体上的提升。

一、企业信息化建设需要有科学的发展规划

（一）什么是企业信息化建设发展规划

企业信息化建设的发展规划必须立足于企业的自身特点和客观实际情况，结合行业发展趋势和市场环境来拟定和利用信息化技术，实现企业业务改造、工作效果提升。

（二）企业信息化建设发展规划的角色分工

企业信息化建设发展规划的编写主要负责人：信息化主管。

企业信息化建设发展规划的编写参与者：信息化部门或信息化技术人员。

企业信息化建设发展规划的编写配合者：各相关业务部门。

企业信息化建设发展规划的审批者：企业总经理或分管领导。

企业信息化建设发展规划的阅读者：全公司所有业务部门。

企业信息化建设发展规划的实施者：信息化部门、企业信息化人员与业务实施技术公司。

企业信息化建设发展规划的受益者和具体用户：公司与公司客户。

信息化建设规划的制定，是一个涉及多个部门、多方面利益和多层环节来开展的一个复杂工作。

（三）企业信息化发展规划的编写原则

各个企业的内部情况和外部面临的发展机遇、市场挑战各不相同，故而其信息化发展规划各不相同，但都需具备以下几个原则。

（1）实用性：一个企业的信息化建设发展规划应该以实用为出发点，必须立足于本企业的发展实际需要，不能一味地贪大求全，也不能简单地模仿其他企业。

（2）前瞻性：一个企业的信息化建设发展规划不能只是满足于眼前的需求，而应该着眼于未来数年的企业发展，能够引导或适应企业在下一个阶段的发展。

（3）科学性：一个企业的信息化建设发展规划必须方向明确、设计合理、数据准确、结构翔实。只有这样，制定出来的规划才可实施并有使用价值。

（4）技术性：一个企业的信息化建设发展规划必须充分利用成熟的信息化技术，了解行业的信息化技术应用情况，所规划的系统应该符合行业的技术发展水平。

（5）可实现性：一个企业的信息化建设发展规划必须言之有物，技术上经过论证，操作上有成功的案例，能够合理、科学地面对和规避各种潜在的风险和不良影响。

（四）企业信息化建设发展规划的制定目的

信息化建设不仅仅是一项技术改革，还涉及管理的变革，因为无论企业采用哪种技术和管理方式，其结果都是为了实现企业的战略目标，提高核心竞争能力，实现价值的增长。公司的信息化建设规划必须充分整合系统应用和相关信息架构，以确保各种业务解决方案、应用系统和数据在整体结构上能够自由配合，同时考虑企业管理需求、业务流程和信息化基础，全面系统地规划信息化目标和内容，指导企业信息化建设的全面发展。

二、企业信息化建设发展规划的制定方法

（一）从企业战略实现角度出发

制定企业信息化发展规划时，必须立足于企业的长期战略目标，确保规划能够支持企业战略的实现，并通过治理模式的创新来提升企业的核心竞争力。

（二）坚持理论研究成果与企业实际相结合

企业应深入了解国内外信息化研究成果和海外类似企业成功的实践案例，结合国际和国内行业竞争环境，理解自身在行业和地区中的地位，根据企业信息化的现状和信息资源，制定出具有企业特色的解决方案和总体思路。

（三）企业信息化要重视内外部环境

企业信息化建设需要平衡内外部因素：一方面，要持续推动公司内部的信息化建设，优化企业业务流程，增强生产、供应、销售之间的协作能力，实现企业精细化管理，满足预测、控制、后期核算的管理需求；另一方面，要通过整合上下游相关企业的资源，构建企业间的全链条商务应用协同，实现业务流程和信息系统的整合与集成。

（四）总体规划，分步实施

企业信息化涉及广泛且复杂的集成应用。因此，企业信息化建设需要坚持"总体规划，分步实施，需求引导，效益驱动，重点突破"的策略。

（五）加强内外合作

鉴于信息化项目是一个跨学科的系统集成项目，需要充分利用各行业的人才和资源优势，整合专业咨询服务公司、研究机构、高校的教授和企业相关资源，构建协同集成的综合咨询平台。

（六）尽量保护已有投资

在系统设计中，应尽可能结合企业的实际情况，充分利用企业的现有资源（软件、硬件、网络），注意与企业现有信息系统的接轨。同时，对不符合

总体规划要求的信息系统进行适当的调整和改进。

三、企业信息化建设发展规划的编写

一个规范的企业信息化建设发展规划，至少要包含以下内容。

（一）前言

在前言部分中，主要交代编写本信息化发展规划的背景、原因、现状、目的、意义等。

（1）背景：说明当前大环境对本发展规划的影响，可以包括时代背景、政策背景、技术背景、市场背景等。

（2）原因：说明编写本规划的重要原因和出发点。

（3）现状：说明本企业目前在信息化方面的发展情况，存在哪些成果和有哪些不足。

（4）目的：说明编写本规划的想法和期望。

（5）意义：说明编写本规划对企业发展的重要影响和作用。

（二）指导思想和基本原则

指导思想，是指企业进行信息化建设时指导其具体工作行动的思想、观点或理论体系。

基本原则，是指在企业进行信息化建设时能体现其价值观，在具体的建设工作时所适用的具体的办事原则。

（三）工作目标和工作任务

企业信息化建设发展规划的具体内容，主要包括工作目标和具体的任务内容两部分。

工作目标，是指本规划在特定时期内所要达到的某种效果，可以根据企业信息化工作的繁简程度，再进一步细分为总体目标和阶段性目标。

工作任务是指在特定的时期内，企业需要进行信息化建设的具体工作内容。

（四）规划的实施方法、保障措施

这部分内容包括说明规划的推动方法、负责人员或机构、保障规划得以顺利推动和开展的各类保障方法等。

第三节 "互联网+"背景下企业信息化 建设面临的挑战

一、理念相对滞后，认识不够充分

目前，许多企业特别是中小型企业仍沿袭传统的经营管理方式，对内部信息化管理平台的建设表现出不积极的态度。它们认为信息化管理仅仅是将企业信息进行数字化处理，对企业的经营并没有实质性的影响和提升，忽视了信息化建设为企业带来的机遇和发展潜力。

在推进公司的信息化管理工作时，最初的步骤应始于公司高层领导，他们需要认识并重视信息化建设对公司新的发展机会的推动作用，并对相关工作给予全力支持。进一步来说，信息化建设涵盖了公司各部门的各个方面，各部门间存在商业联系和利益交汇点。因此，公司内部的管理人员应积极参与信息化建设，通过充分的沟通，确保公司的信息化建设顺利进行，避免公司各部门之间产生"信息孤岛"。现在一些公司已经形成了自身的管理制度，但针对集团管理多个子公司的现状，现有的管理体系在许多方面已经无法满足集团对子公司发展监管的需求。总部对子公司的数据把握不全面，信息整合和共享不足，无法便利地进行行业监测。这不利于将行业数据转化为决策依据，对市场变化的快速响应能力也因此受到影响，削弱了集团对子公司业务的监管和管理。为此，公司根据需要，对重大的信息化建设项目制定了富有前瞻性和可操作性的实施规划，从财务、项目管理、设备管理、供应管理、仓库管理、人员管理，到销售/分销和质量管理等各个运营环节，构建信息化系统，以实现不断的发展和完善，打造高质量的信息化平台。

二、资金投入不足

要实现公司的信息化工程，必须要投入大量的资金来支持购买服务器、台式电脑、笔记本电脑、显示器等硬件设备，同时还需要采购大量的信息化软件。维护和管理后期网络系统需要保证资金稳定投入，以确保系统的稳定性。许多公司会把大量的资金用于购置硬件设备，软件系统建设的投入相对不足，导致信息化建设的进程缓慢。尽管一些公司在起始阶段投入了大量资金，但由于信息化工程进展缓慢，再加上后期维护的需要，导致信息化水平无法达到最初的规划目标而停滞不前。

三、缺乏复合型技术人才

IT 技术人才在信息化建设过程中具有十分重要的作用，他们不仅需要熟练处理计算机专业问题，还需要了解企业各部门的主要业务内容，与企业内部各部门人员进行有效的沟通，将企业内部信息转化为可用的平台数据。市场上缺乏符合要求的复合型人才，因此企业很难找到完全匹配的专业人才。此外，大多数企业没有为信息化人才开展相关的培训计划，导致企业的信息化平台缺乏专业人才支持。在企业内部，有些 IT 人才只对计算机专业问题有深入的了解，但对业务情况却不太熟悉。虽然对业务价值链有着深刻的理解，但是对如何将信息化与现有业务相结合却一无所知，这都是因为缺乏 IT 技术方面知识的原因。

四、对信息化管理平台建设缺少整体规划

当前，许多中小型企业在信息化建设方面缺乏明确的规划，也没有很好地履行计划控制和管理职责，这主要表现在几个方面：（1）许多企业建立信息化平台的初衷只是为了应付检查和完成任务，这与原先的计划目标相去甚远。（2）由于软件系统选型不当、设计缺乏深思熟虑，实际实施过程中出现了诸多问题，最终导致了系统的兼容性不足。（3）信息平台各个模块之间的联系不够紧密，导致信息系统之间缺乏协作，形成了孤立的状态。（4）信息化平台内部仅展示大数据，缺少具体的后台数据分析，无法为决策过程提供实质性的支持。（5）公司内部将信息系统按照行业特征划分为多个部分，却未充分考虑网络和安全问题，导致存在大量潜在的安全隐患。（6）系统设计中缺少预警等功能模块，需要进行改进。

五、对外电子商务平台无法精准把握客户诉求

企业面对的顾客都有其独特的个性特点，这主要表现在需求、消费能力和消费习惯等方面，与此同时，企业所面对的消费人群分散、分布不均，导致企业难以准确把握顾客需求并提供符合其需求的商品和服务。因此，分析顾客个性化需求的技术支持至关重要，缺乏这方面的支持会让企业处于弱势。传统的企业营销管理模式没有充分利用企业信息化平台来精准分析顾客心理，与当今信息发展潮流产生了巨大的分歧，这也限制了企业信息化技术的有效应用，导致企业信息化建设陷入停滞。

第四节 "互联网+"背景下企业信息化建设的优化措施

一、强化信息化管理观念的创新，实施总体规划

企业管理者应该意识到科技的价值，传统的管理模式已经无法适应现代企业快速发展的需求，因为环境变化太快了。因此，企业必须向更加精细的管理方式转型，逐步实现组织扁平化、数据实时化和设备自动化。创设一种科学的信息化管理理念，以促进企业内部各部门之间的有效交流，并充分利用信息化管理的优势，使企业走上可持续发展的道路。

公司的信息化规划需要与国家战略规划相一致，以确保实施计划的有效性和可持续性。1999年，哈佛商学院的John Henderson创立了一种模式，旨在协助公司制定现代化的技术发展战略计划，并确保经营策略和技术策略之间的一致性。以下几点是该模型对中小型企业信息化的指导原则。

首先，企业管理者需要设计信息系统的软硬件基础设施以驱动组织管理结构和业务流程。

其次，在公司的整体经营策略的指导下，企业管理者应制定相应的企业信息技术战略，并进行信息系统硬软件基础设施的设计。

再次，企业管理者应通过信息技术来设计和影响公司的整体战略。

最后，通过制定信息技术战略，企业管理者可以更好地了解所需的信息技术基础设施，从而重新设计公司的组织结构和业务流程。实际上，公司的现代化管理速度是不同的，在不同的发展阶段会有不同的发展路径。

路径 1：初级阶段。当企业的业务部门需要发展，或者对流程和组织管理的模式有改进的要求时，信息化部门就会开始进行信息化建设，以满足其需求。举例来说，财务部门提出了需要进行财务电算化的要求，运作部门提出了仓库管理系统的需求，这些部门的信息化工程就会分头进行。

路径 2：中级阶段。公司提出了全面的经营策略，对现有的流程进行重新构建，并对公司的管理框架进行了改革，各业务部门相应地提出了要求，相关业务随后进行了执行。

路径 3：最高级发展阶段。在这一阶段，公司需要遵循总体经营策略，综合考虑各部门的信息化需求，制定全面的信息化策略，并分阶段实施。

随着公司的不断壮大，制定一致的发展计划已成为未来的必然趋势。若要对公司的整体信息化建设进行系统规划，必须设立专业主管部门来规范和掌控公司的信息化发展。主管部门应在企业层面上对各自的职责性质进行合理分类，并结合企业的发展战略，制订客观、合理的计划实施方案，以确保重大信息化建设项目的顺利进行。

二、加大信息复合人才的培养力度

为了提升管理水平，必须建立一个高水平的技术人才团队，他们不仅要精通企业管理，还要掌握高科技信息技术。制订全新的管理机制，构建公开透明的企业文化，建立良好的行为准则，创造和谐的信息化管理氛围，确保信息化团队能够与计算机技术人员协作，共同构建高效、全面、合理的信息化平台，使每个员工都能熟练使用该平台进行工作办公，提高企业内部管控工作的质量和效率，为企业的发展作出贡献。

三、分类分级信息化建设

由于所处的行业和业务范围不同，企业内部的结构也会有所差异，因此需要针对不同的情况进行信息化建设的规划。为了推进企业的信息化进程，确保公司内部的经营管理工作能够规范化和标准化，有必要对企业的信息化示范项目进行分类整合，以典型案例引领全局发展。比如，作为一家化工企业，陕煤集团公司榆林化工有限公司正在积极推进数字化转型，重点关注项目管理平台的自动化、财务管理流程的数字化、档案管理系统的智能化、生产建设的自动化、服务交付平台的数字化以及移动设备 5G 应用的创新。这些举措将引领公司在数字经济时代中准确把握变化、及时反应、积极求变，从而促进企业转型升级，培育煤化工发展的新动力。以项目管理智能化平台为例，将信息化建设项目与公司主体工程紧密结合，实现设计、执行、协调等各个环节的高度一体化。

四、建设信息资源库

在"互联网+"时代，数据已成为一种新型的生产资料，企业必须依托数据信息资源库来进行信息化建设。在进行企业信息化建设之前，需要充分考虑和评估企业现有资源库的建设情况。资源库中数据的精确性、完整性和及时性直接影响到信息化平台建设的质量和效率。因此，企业必须高度重视数据资源的建设，采用标准化、规范化的管理方法来管理数据这个生产要素，并且完善数据库的构建，以确保企业信息化建设的健康发展。

参考文献

［1］赵守香，姜同强，王雯. 企业信息化［M］. 北京：清华大学出版社，2008.

［2］卢山. 企业信息化投资决策模型与方法研究［M］. 北京：首都经济贸易大学出版社，2017.

［3］薛祖云. 企业信息化与内部控制［M］. 厦门：厦门大学出版社，2011.

［4］胡洁，彭颖红. 企业信息化与知识工程［M］. 上海：上海交通大学出版社，2009.

［5］杨波. 从资源共享、转化服务平台搭建论企业信息化建设［M］. 青岛：中国海洋大学出版社，2017.

［6］王伟民，周永森，黄丽华. 企业信息化与工业融合化探索：上海烟草集团企业信息化实战［M］. 上海：复旦大学出版社，2012.

［7］丁秋林. 企业信息化咨询［M］. 北京：华夏出版社，2003.

［8］章文光，蔡翔. 中国企业信息化研究［M］. 贵阳：贵州人民出版社，2010.

［9］刘秋生，赵广凤，刘涛. 企业信息化工程理论与方法［M］. 南京：东南大学出版社，2016.

［10］宋建军. 中小企业信息化管理实践［M］. 北京：冶金工业出版社，2010.

［11］张德宇，刘璨，罗玉梅. 互联网时代食品企业信息化管理存在的问题及改进措施［J］. 食品研究与开发，2021，42（22）：229-230.

［12］尹天慧. "互联网+"时代企业信息化建设的策略［J］. 商业文化，2021（31）：33-34.

［13］于瞳. 计算机网络技术在企业信息化过程中的应用研究［J］. 信息记录材料，2021，22（4）：175-176.

［14］袁昊，蔡玺，刘晓琴. 互联网技术在企业信息化建设中的运用［J］. 信息记录材料，2020，21（11）：227-228.

［15］林任远. 限制互联网暴露面——通信运营商企业信息化安全体系建设的必经之路［J］. 网络安全技术与应用，2020（8）：134-135.

［16］卫桢. 互联网背景下企业信息化对创新能力影响的实证研究［J］. 中国管

理信息化，2020，23（14）：89-91.

[17] 宋红菊．"互联网+"下饲料企业信息化建设路径[J]．中国饲料，2020
（13）：89-92.

[18] 楼旭明，侯昆丽，张程锦，等．"互联网+"背景下物流企业信息化阶段
影响因素评价[J]．商业经济研究，2020（1）：71-74.

[19] 冯茜．浅谈"互联网+"下交通运输企业信息化建设[J]．交通财会，2019
（10）：30-32.

[20] 陈炳松．新经济环境下中小企业信息化发展的机遇与挑战[J]．江苏科技
信息，2019，36（25）：25-29.

[21] 李明霞．企业信息化水平对互联网上市公司审计质量影响研究[D]．北
京：北京化工大学，2021.

[22] 彭彪．某C网络公司信息化成熟度评价模型及案例研究[D]．重庆：重
庆师范大学，2020.

[23] 刘岩．CD公司信息化发展战略研究[D]．长春：吉林大学，2019.

[24] 夏凡．"互联网+"背景下的中小企业信息化发展[D]．南京：东南大学，
2018.

[25] 张馨月．工程造价咨询企业信息化驱动因素及推进对策研究[D]．重庆：
重庆大学，2018.

[26] 滕飞．我国大中型医药企业信息化问题研究[D]．武汉：华中师范大学，
2018.

[27] 赵焕娜．基于"互联网+"的中小纺机企业信息化网络平台的设计研究
[D]．西安：西安工程大学，2017.

[28] 鲁伟伟．互联网时代企业信息化评价指标体系研究[D]．北京：北京工
业大学，2017.

[29] 向晋瑜．"互联网+"时代的中小企业信息化服务外包业务创新模式研究
[D]．武汉：华中科技大学，2017.

[30] 宋晟欣．"互联网+"下中国国家竞争力理论分析与构建[D]．武汉：武
汉大学，2016.